Zartbitter

Für meine Eltern,
die mir Wurzeln und Flügel gegeben haben

Barbara Stöckl

ZARTBITTER

Gefühle, Gedanken, Geheimnisse

LITERATUR
J&V
JUGEND & VOLK

ISBN 3-224-17694-6

A-1050 Wien, Rainergasse 38

Umschlagfoto: Suzi Stöckl
Umschlag: Bruno Wegscheider
Druck und Bindung: Wiener Verlag, Himberg
94 03 7/50/1

•

Inhaltsverzeichnis

GEFÜHLE

GEDANKEN

Vorwort

ZARTBITTER hieß die Kolumne, die ich vier Jahre lang in der FREIZEIT Samstag-Beilage des KURIER geschrieben habe, ZARTBITTER sind auch die kurzen Geschichten, die dieses Buch ergänzen.

Ich habe mich dabei nie gescheut, Gefühle in Worte zu fassen, Sentimentalitäten zu formulieren, die romantische Seite zu öffnen, von der ich überzeugt bin, daß sie in jedem schlummert. Das mag heute unpopulär scheinen, Gefühle sind scheinbar nicht "in", Leistung zählt, Verstand diktiert.

Wer Gefühle zeigt, zeigt Schwäche, wird dadurch verletzlich und angreifbar.

Genau das wünsche ich mir, daß Sie mit der Sammlung meiner Gefühle, Gedanken, Gemälde und Geheimnisse "schwach" werden können – ob nicht letztlich darin wahre Stärke liegt?

Barbara Stöckl

GEFÜHLE

Lichtblicke

Es gibt Menschen, die sind so etwas wie eine Tankstelle für die Seele, ein Aufladegerät für die innere Batterie, ein Wollknäuel für die Suche nach dem roten Faden im Leben.

Ein unerwartetes Telefonat spät in der Nacht, von weit weg. Nur um dich nach Monaten wieder einmal zu hören. Eine Ansichtskarte von irgendwo, mit wenigen Worten drauf und einer bunten Briefmarke. Ein Fax ohne Informationen, nur mit Grüßen.

Menschen, die dir sagen, „es geht", auch wenn alle anderen der festen Überzeugung sind, daß es nicht geht. Die ein Netz sind, wenn andere dich fallen lassen, oder der Salto mortale in schwindelnden Höhen (den du sonst doch immer beherrschst!) diesmal nicht klappt. Die dich – einfach so – in den Arm nehmen, dich an sich drücken, dir einen Kuß auf die Wange geben. Und du weißt: Alles wird gut. Die deine Wehleidigkeit respektieren und manchmal trotzdem brutal richtig darüber hinweggehen. Die am Klang deiner Stimme hören, ob dir nach Plaudern oder nach Zurückgezogenheit ist. Die dir keinen Vorwurf machen, wenn du dich lange Zeit nicht meldest.

Menschen, die dir (auch wenn du sie zuvor noch nicht allzuoft gesehen hast) ganz plötzlich Blumen schenken, einen riesengroßen Strauß gelber Tulpen, weil Frühlingsbeginn ist. Das sind Lichtblicke!

Die Hauptdarsteller in Monty Pythons „Always look on the bright side of life". Die auf jeder Autofahrt schmalzige Lieder mit dir grölen, die zu jedem Absturz und zu jedem Höhenflug bereit sind. Die dir in die Augen schauen, wenn sie mit dir sprechen, deren Händedruck Kraft hat. Die dir im Handumdrehen die Einsicht vermitteln, daß deine vermeintlichen Sorgen und Nöte gar keine sind. Und dir trotzdem zuhören, wenn du nicht und nicht aufhörst, stundenlang davon zu erzählen.

Die Menschen, die ich meine, die wissen, wie wichtig sie sind, ohne daß wir jemals darüber gesprochen haben. Trotzdem schreib' ich es heute einmal auf: Ich wüßte nicht, was ich tät', wenn ich euch nicht hätt'!

Single-Frauen

Professor Ringel, der für jedes gesellschaftliche Phänomen mindestens eine psychologische Begründung hat, schrieb über das Single-Dasein von Frauen folgendes: „Erst in den letzten Jahren ist es Frauen in unseren Breitengraden geglückt, sich loszueisen. Bei vielen geht die Entwicklung sogar soweit, daß sie jetzt überhaupt auf einen Mann verzichten wollen. Aus Mißtrauen und als Beweis ihrer Selbständigkeit."

Nun, ich lebe auch allein. Und zähle so wahrscheinlich zu den klassischen Single-Frauen. Die mißtrauisch sind und ihre Selbständigkeit beweisen. Das hat in gewisser Weise auch seine Richtigkeit und ist doch ganz falsch. Sieht man sich unter den heutigen weiblichen Singles um, dann ist der stolze Glanz der Autonomie schon längst verblaßt. Allein-Leben ist Alltag geworden, der nicht nur rosig ist, grau und bunt, trüb und selbstständig, zart und bitter und manchmal auch schön.

Man kommt schon irgendwie zurecht damit, macht das beste daraus. Aber kaum noch wird das Singel Leben aus heroischem Unabhängigkeitsbedürfnis gewählt!

Man ist hineingerutscht, es hat sich halt so ergeben. Nach bitteren Enttäuschungen, aus verpaßten und nicht ergriffenen Gelegenheiten, als Folge von Verlassenwerden und eigenem Anspruch. Am schlimmsten sind die Stunden vor dem Sonnenaufgang, wenn man im zerknitterten Bett von untröstlicher Einsamkeit befallen wird. Wenn es einem in der Dämmerung dämmert, daß es eben Dinge gibt, die noch schöner sind, wenn man sie teilen und zu zweit genießen kann. Wenn die grundsätzliche Freude über gelebte Unabhängigkeit das Alleinsein ganz und gar nicht aufwiegen kann. „Da mußt du einfach durch", denk' ich dann, und „es geht schon irgendwie". Und schließlich hat man ja die Hoffnung, daß das Alleinsein doch nur eine zeitweilige Lebenslage ist und einem das mehr oder weniger konstante Liebesglück doch noch über den Weg läuft. Ich möchte sie nicht mehr beweisen müssen, meine Selbständigkeit. Und ich bin auch überhaupt nicht mißtrauisch! Jedenfalls nicht in diesen Stunden vor dem Sonnenaufgang.

Der Schmetterling

Seit drei Monaten habe ich einen „Haus-Schmetterling". Irgendwann einmal kam er angeflattert, leise und unbemerkt, und jetzt ist er da. Am Anfang hab' ich mir nichts dabei gedacht. Ein Schmetterling im Sommer – ein schöner Anblick und zum Glück noch nichts Ungewöhnliches. Mal flatterte er durchs Zimmer, als wollte er mir einen seiner kunstvollsten Tänze vorführen, mal saß er regungslos auf meinem Computer, als würde er mich bei der Arbeit beobachten, dann verlor ich ihn wieder aus den Augen. Daß er sich konsequent weigerte, ins Freie, in die Freiheit, ins Grüne zu fliegen, und stattdessen meine Wohnung bevorzugte, hat mich damals noch nicht nachdenklich gemacht. Jetzt ist er drei Monate da. Draußen ist es regnerisch und kalt, die Blätter, die von den Bäumen fallen, und Nebel, der tief über der Wiese liegt, kündigen bereits den Winter an. Und irgendwie fühle ich mich plötzlich verantwortlich für meinen stillen Gast. Jetzt kann ich ihn doch gar nicht mehr hinauslassen, die Temperaturen, die bereits um den Nullpunkt liegen, würden ihn ja sofort erfrieren lassen!

Ein Schmetterling (es ist ein Pfauenauge in den buntesten, schillerndsten Farben), der mit der grünen Natur nichts zu tun haben will. Der sich mit Vorliebe in meinem weiß gekachelten, künstlich tropisch klimatisierten Badezimmer mit dem Seifenduft von frischen Limonen aufhält und sich hinter den Frotteehandtüchern versteckt – das kann doch nicht normal sein!

Unruhig und unbeholfen lese ich im Lexikon nach, was Schmetterlinge fressen, wie sie sich entwickeln. Kaufe ihm grüne Zimmerpflanzen, damit er sich wohl fühlt. Stelle ihm ein Schüsselchen mit Honigwassertropfen auf mein Badezimmerregal. Achte penibel darauf, ob das Badezimmer auch wohltemperiert ist. Schaue jeden Morgen unruhig, ob er noch da ist und lebt. Es ist wohl die Angst, das schlechte Gewissen, die Hilflosigkeit, die hinter der utopischen Vorstellung steckt, daß die von uns ruinierte, manipulierte und irritierte Natur irgendwann einmal durchdrehen könnte – und zu uns ins Badezimmer kommt!

Treue

„Das kannst du als Frau gar nicht verstehen“, versichern mir gute Freunde schon seit längerer Zeit, „das ist bei Männern einfach anders!“. Männer können nicht treu sein, das ist angeblich irgendwie biologisch begründet, die haben ein anderes Programm, einen anderen Chip im Kopf. Jetzt lese ich – ausgerechnet in einer Frauenzeitschrift – die wissenschaftliche Begründung dafür: Oxytocin, das Hormon, das dafür verantwortlich sein soll. Ob sich da wohl ein paar treulose Biologen eine wissenschaftliche Ausrede für zu Hause zurechtbewiesen haben?

Viele Frauen meinen ja, Untreue sei einfach eine Persönlichkeitsschwäche, ein Charakterdefekt, der durch erhöhte Bemühungen ihrer- und auch seinerseits repariert werden kann. Eben nicht, behaupten die Wissenschaftler. Denn „sein“ widersprüchliches biologisches Programm ist neben dem ausgeprägten Beschützerinstinkt, der einer Dame allein gilt, darauf ausgerichtet, „mehrere Weibchen zu begatten“. So sind viele Männer hin- und hergerissen zwischen einerseits dem Wunsch, ein treuer Familienvater oder Partner zu sein und andererseits ein aufregendes, abwechslungsreiches Sexualleben zu führen. Oxytocin wirkt wahre Wunder. So einfach ist das, Mutter Natur hat's versaut. Es nutzt deshalb gar nichts, an seinen Reaktionen, Aktionen und Gefühlen zu nörgeln, ihm seine gierigen Blicke auf andere, attraktive Frauen zu untersagen, jeden Flirt zu verdammen, am Hemdkragen zu riechen und in der Sakkotasche auf Spurensuche zu gehen. Er wird sich nicht ändern, höchstens seine Anstrengungen darauf richten, seine Oxytocinwallungen geheimzuhalten. Soweit sogut, sollen die doch ihr biologisches Programm erfüllen – aber nicht mit mir! Ich zähle zum altmodischen Schlag der Frauen, die auf Treue nicht unbedingt schwören, aber doch etwas davon halten. Denn – und auch das soll wissenschaftlich geklärt sein – Männer verfügen über Herz und Hirn, so sollte auch für sie jede zwischenmenschliche, partnerschaftliche Beziehung mehr sein als die Abstimmung zweier unterschiedlicher biologischer Programme. Und wissenschaftliche Ausreden im Privatleben sind feig. Aber was reg' ich mich überhaupt auf über Dinge, die ich ohnehin nie verstehen werde. Als Frau.

Märchenprinzen

Ich gehöre tatsächlich zu den naiven Mädchen, die an den Märchenprinzen glauben. Das heißt, ich weiß, daß es ihn gibt. Der Mann, der großartiger ist als alle anderen, der eines Tages plötzlich vor mir steht (auf sein weißes Pferd kann ich verzichten, das ist altmodisch), mir tief in die Augen schaut, mich in seine starken Arme nimmt, und gemeinsam werden wir dann sehr glücklich und steinalt. Genauso wird es einmal sein. Das „Prinzen-Phänomen" in wenigen Worten: Wider besseres Wissen auf einen Traummann warten. Das mag in einer Zeit, in der sich Frauen doch emanzipieren wollen, frei und unabhängig ihr Leben leben, verstaubt klingen. Ist es aber nicht. Wenn ich mich so umsehe und umhöre, ist es aktueller denn je. Frauen in meinem Alter brauchen nicht mehr für die Emanzipation auf die Barrikaden zu steigen, müssen sich nicht mehr bei jedem Problem streng feministisch gebärden. Denn wir sind – weitgehend – emanzipiert. Frauen, die ihre Stärke zeigen, indem sie auch zu ihren Schwächen stehen. Ich bekenne mich also zu bestimmten (weiblichen?) Sehnsüchten. Bleibt die Frage offen, warum ich ihn bisher noch nicht gefunden habe, wo er sich versteckt, der Prinz. Und woran ich ihn erkennen werde. Es könnte ja sein, daß es ein stiller ist, ein verschlossener – den ich in unserer lauten Welt nicht hören kann. Es könnte auch sein, daß er blaß ist, weil er zuviel arbeitet –, ich würde ihn in unserer bunten Welt nie sehen! Es könnte sein, daß er langsam zu Fuß geht, und rasant Auto fährt – genau entgegengesetzt meinem Tempo also – ich würd' ihn in unserer schnellen Welt ständig versäumen! Vielleicht versucht er auch schon längst, mich telefonisch zu erreichen – nur, ich weigere mich konsequent, einen Telefonrufbeantworter anzuschaffen, und zu Hause bin ich halt kaum. Per Brief hat er sich jedenfalls noch nicht gemeldet, ob's daran liegen kann, daß er bei mir keinen Parkplatz gefunden hat?! Echte Prinzen suchen geduldig und lassen sich von lächerlichen Hindernissen des Alltags nicht beeindrucken. Es gibt ihn, davon bin ich fest überzeugt!

Susi, die sanfte Assistentin in der Fernsehsendung „Herzblatt", würde meine Traumprinzvorstellung wahrscheinlich so zusammenfassen: Na Barbara, wer ist es denn? – Der blaße Workoholic, der selbst beim rasanten Autofahren am Telefon hängt, um dich zu erreichen, oder – der Stille, Verschlossene, dessen Herz nur für dich schlägt, der aber viel zu langsam geht, um dir nachzukommen?

Entscheide dich!

Ein ganz normaler Mann also, mein Märchenprinz, so wie die, die ich jeden Tag treffe: Erfrischend chaotisch, bestechend unpünktlich, faszinierend geistvoll, und aufregend unverläßlich. Männer, wie sie jeder kennt – Prinzen? Wir können ja jetzt schon zwei Dinge vereinbaren: Wenn du da bist, mein Prinz, dann heb' doch einfach die Hand und sag': „Ich bin's"! Und wenn ich dich dann küsse, mein Prinz, sei so gut – werd' kein Frosch!

Blondinen

Kindermund ist ehrlich und unbarmherzig. Es passierte in „Dingsda“, Fritz Egner lächelte schon ungewohnt verschmitzt, schließlich wußte er ja, was kommen würde. Ein siebenjähriger Dreikäsehoch sollte auf seine unverwechselbare Art und Weise den Begriff „Blondine“ erklären. „Das sind die“, setzte er in urigstem Niederbayrisch an, „die mehr Spaß im Leben haben!“ Das war eindeutig und klar, kam spontan und selbstverständlich, so als gäbe es für diesen Begriff keine einzige Möglichkeit einer anderen Umschreibung. Ein Schlag mitten in die Magengrube, um 18 Uhr 30 im Vorabendfernsehprogramm. Ich ahnte es ja schon längst, aber habe mit dieser Erkenntnis ehrlich viele Jahre gerungen, hab' sie dann immer wieder als unbegründete Vorurteile weggesteckt.

Kindermund ist ehrlich. Natürlich haben die Blondinen mehr Spaß im Leben! Das sind doch die, meist mit langen Haaren und noch längeren Beinen, die mit einem einzigen Augenaufschlag die Männerwelt betören. Die ein einziges Mal mit einer gekonnten Handbewegung durch die Haare fahren, so daß die vordere Strähne das Auge freigibt. Die ihre wallende Mähne so unanständig zur Schau stellen, daß sogar die Selbstbewußtesten unter uns Dunkelhaarigen neidisch werden.

Das sind die, die die besseren Männer kriegen und die schöneren Jobs. Das kennen wir doch aus schlechten amerikanischen Spielfilmen und aus der Werbung.

Marylin Monroe war eine, Claudia Schiffer, Brigitte Bardot, Britt Eklund (all die dunkelhaarigen Schönheiten müssen jetzt einmal kurz auf Erwähnung verzichten, denn das würde meine trotzige Theorie entkräften!). Alle meine schönen Schwestern sind blond, ich bin die einzige mit dunklen Haaren. Rod Stewart hat es bereits gesungen: „Blondes have more fun“ – und ich habe das leichtsinnig als Machogehabe eines hithungrigen Rockstars abgetan! Recht hat er gehabt, jedes Kind weiß es heute schon! Hätte ich bloß auf ihn gehört, dann hätte ich mir die peinliche Dingsda-Entlarvung erspart! Nein, da hilft auch keine dauerhafte, supersanfte Polycolorschnelltönung. Durch diese tiefe Selbstbewußtseinskrise muß ich ganz allein durch. Kindermund ist unbarmherzig.

•

Mütter

Nach jahrzehntelanger Recherche hab' ich etwas herausgefunden, das ich auch Ihnen gerne weitergeben möchte: Mütter haben immer recht. Nicht gleich, im Moment ihrer Ahnung – aber langfristig! Das beginnt schon bei der weisen Drohung: „Du bist viel zu leicht angezogen für dieses Wetter!" Was zunächst wie eine klare Mißachtung modischer Notwendigkeiten klingt, stellt sich spätestens zwei Tage danach mit Schnupfen und Heiserkeit als gemeine mütterliche Prophezeiung heraus. Ich hab's dir ja gesagt!

Es steckt wohl eine Art mütterlicher Vorahnung, mütterlicher Astrologie dahinter, wenn es um das Schicksal der eigenen Kinder geht. Dramatische Entwicklungen in Liebesbeziehungen können sie nicht wirklich erstaunen und werden mit einem milden „Das war doch wohl klar!" kommentiert. Vieles ist ja auch klar, aber nicht wenn man selbst involviert ist, sondern mit mütterlichem Weitblick die Situation betrachtet. Das reicht bis zu schwerwiegenden Lebensentscheidungen, beginnt aber bereits bei den ersten Geräuschen und Schritten, die die Sprößlinge machen. Meine Schwester z. B., Mutter eines herz- und manchmal auch nervenzerreißenden Sohnes: „Er wird jetzt das Ei aus dem Kühlschrank auf den Boden werfen!" Er wird. Gesagt, getan.

Noch bevor man irgendetwas verhindern kann. Fassungslos starren alle auf das Ei, den Kühlschrank, auf die Mutter.

Wenn ich um vier Uhr früh schlaff und müde ins Bett falle, gezeichnet von der Arbeit und anderen gesellschaftlichen Ereignissen, höre ich Mama sagen: „Der Schlaf vor Mitternacht ist der gesündeste!“ Und sie hat natürlich Recht. Das spüre ich, wenn ich mich dann niederlege, und ich weiß es, wenn um sieben Uhr der Wecker klingelt.

Das Wissen, das ich meine, geht aber weit über Alltägliches und Banales hinaus. Es läßt sich wohl am besten mit dem Wort „Weisheit“ beschreiben, die sich da in neunmonatiger Vorbereitungszeit auf das, was dann kommt, entwickelt. Eine geistige, seelische und emotionale Nabelschnur, die niemals reißt. Ein Wissen, über das nur Mütter verfügen.

Starke Frauen

Ich kenne viele von ihnen: Die „Powerfrauen", die mit beiden Beinen fest im Leben stehen und immer noch nach den Sternen greifen. Die im Beruf in verantwortungsvollen Positionen an vorderster Front brillieren, finanziell unabhängig und auch sonst selbständigst sind. Sie sollen liebevolle Mutter, verführerische Liebhaberin, geschäftstüchtige Businessfrau, gewissenhafte Hausfrau, gebildete Gesprächspartnerin und naives Mädchen in einer Person sein. Kind und Karriere und Haushalt und Freunde und Verpflichtungen und ... ja, sie schaffen es! Sie schaffen es aber nur allzuoft ganz allein. Wenn wir starken Frauen uns dann irgendwo treffen, dann sind wir uns einig: Männer haben so ihre Schwierigkeiten mit unserer Stärke.

Wie oft höre ich, daß Beziehungen auseinandergehen, weil „er" mit ihrer Stärke nicht zurechtkommt! Einerseits bewundert er all diese Qualitäten und Eigenschaften an ihr, andererseits erlaubt das sein männliches Selbstverständnis nicht. Schließlich zählt er doch zum starken Geschlecht. Nun, funktionierende Beziehungen sind keine Machtkämpfe, es gilt nichts zu beweisen, schon gar nicht, wer der „Stärkere" ist. Aber das schreibt sich so leicht auf geduldiges Papier und lebt sich so schwer im wirklichen Leben!

Was diese Männer allerdings oft übersehen, sind unsere Schwächen. Auch eine starke Frau hat Sehnsucht danach, manchmal ihren Kopf an seine Schulter zu legen und zu weinen, wenn ihr danach ist. Sie will getröstet werden, wenn im Job nichts klappt, sie braucht aufmunternde Worte, wenn ihr wieder einmal alles zuviel wird. Offene Arme, wenn die eigene Seele zugeklebt ist. Sie will sich bedingungslos fallenlassen, kompromißlos schwach sein, um erst so wahre Stärke zu zeigen.

Diese Bandbreite zu verstehen, diese Schwankungen auch mitzumachen, ist für niemanden einfach. Da bedarf es Geduld, Großzügigkeit, Toleranz, Gleichmut, Humor, Loyalität, Selbstsicherheit, Verständnis, Instinkt, Sensibilität, Ausgeglichenheit, ... da bedarf es unheimlich starker Männer!

Der Richtige

Wer ihn noch nicht gefunden hat, der wartet auf ihn: auf „den Richtigen“, den Partner, mit dem man Seite an Seite alt werden will und alles Glück dieser Erde teilt. Das ist ja soweit noch nichts Ungewöhnliches, ein Traum, den immer noch sehr viele träumen. Mir scheint aber, wenn heute einsame Herzen diese Formulierung „Ich warte noch auf den/die Richtige/n“ verwenden, dann steckt da mitunter mehr dahinter. „Der Richtige“ steht dabei oft für die Unmöglichkeit einer Beziehung, „der Richtige“ ist der Partner, mit dem es nur schöne, niemals unglückliche Stunden gibt. Gemeinsame Sonnenuntergänge am Meer, deine Hand auf meiner Haut, und das möglichst 365 Tage im Jahr. „Ich schau dir in die Augen, Kleines“ im Dauerabonnement. Nie Streit, nur Harmonie, trotzdem eine gewisse Spannung, nie Langeweile, immer Sehnsucht, niemals Routine, Leidenschaft und Verliebtheit, innige Gefühle und noch mehr – das alles wollen wir vom „Richtigen“, dadurch unterscheidet er sich ja von allen anderen. Das Warten und Hoffen auf den Richtigen ist damit auch eine feige Ausrede, ein flottes Verdrängen, daß jede Beziehung auch ein Stück Arbeit ist. Hat man die nicht geleistet – dann war's der Falsche, so einfach kann das bitteschön doch auch nicht sein! Ich kenne zuviele zerbrochene

Ehen, kaputte Beziehungen und wage die mutige These, daß es dabei nicht immer die Falschen waren, die sich da getroffen haben. Sie haben bloß versäumt, in ihre Beziehung zu investieren. Im Berufsleben scheint uns das doch sonnenklar: Wer sich nicht intensiv vorbereitet, Energie und Kraft hineinsteckt, wer nicht auf einiges verzichtet und dafür anderes bekommt, der wird seinen Job vermutlich nicht besonders gut machen. Bloß in der Liebe, das soll das grenzenlose Glück vom Himmel fallen! Wie ein kleines Kind stehen wir dann da mit großen Augen und wundern uns, daß diese Beziehung, um die wir uns nicht gekümmert haben, wie eine vertrocknete Pflanze, die wir wochenlang vergessen haben zu gießen, eingeht. Es war eben nicht der Richtige! Wer sich ständig dabei ertappt, auf den „Richtigen" zu hoffen, der sollte einmal ergründen, ob seine Erwartungen und Vorstellungen von Liebe und Partnerschaft im Reich der Märchen und Träume angesiedelt sind oder irgendetwas mit dem realen Leben zu tun haben. Damit die Suche nach dem Richtigen nicht zum „Warten auf Godot" wird.

•

Namen

Es ist wahrlich nicht einfach, seinem Kind den „richtigen" Namen zu geben. Schließlich muß es ja damit ein ganzes Leben lang auskommen. Der Name soll schön klingen, zum Familiennamen passen, Wesen und Ausdruck des Neugeborenen nicht beleidigen, Charakter und Persönlichkeit des kleinen Persönchens unterstreichen und natürlich einzigartig sein – so einzigartig wie eben dieses Kind! Bücher und Broschüren geben eifrig Auskunft über Bedeutung, Herkunft und Deutungen der jeweiligen Namen (Barbara, griechisch, zu dt. „die aus der Fremde kam"), liefern Namenshitlisten aus aller Herren Länder und bieten eine so große Auswahl, die die Entscheidung schließlich noch schwerer macht. Jetzt liegen sie alle noch ziemlich gleichgültig in ihren Gitterbetten, Namensdiskussionen sind ihnen längst nicht so wichtig wie das pünktliche Fläschchen und saubere Windeln, und sie haben sich damit abgefunden, in den ersten Monaten dieses Lebens ohnehin nur auf lieblich-dämliche Kosenamen der Erwachsenen horchen zu müssen. Aber nichtsdestotrotz ahnen sie bereits ihre Einzigartigkeit: Ayosha, Nele, Monti, Anselm, Yara, Amadeus und mein jüngster Neffe Marlon. Die Generation der Julias ist mittlerweile schon im Schulalter und muß dort die große Enttäuschung erleben, wie die vermeintliche Exklusivität, die ihre Eltern ihren Namen einst zugedacht hatten, in gemeine Anonymität umschlägt. Ruft die Lehrerin „Julia", horchen mindestens fünf Mädchen auf. All diesen Julias steht das gemeinsame Schicksal bevor, ihren Romeo höchstwahrscheinlich einmal als Patrick zu finden. Oder Sebastian. Wo sind die Namens-Highlights der Generation meines Großvaters –, Franz, Fritz, Hans – sind sie endgültig out oder noch nicht wieder in?! Katharina und Anna durften ja schließlich auch ihr Revival feiern!

Aber keine Sorge – alles kommt wieder. Auch Vornamen gehen mit der Mode, so wie Kleidungsstücke, Autos, Möbel und Frisuren. Spätestens, wenn die ausgefallenen Namen derart Kapriolen schlagen, daß außer den Eltern niemand mehr weiß, wie man diesen Namen ausspricht – geschweige denn schreibt –, dann ist es wieder soweit. Dann werden sich Susi und Peter, Josef und Karl über die extravaganten Namen ihrer Eltern wundern.

•

Kolporteure

„Meiner" kommt aus Ägypten. Und er zählt zu den wenigen Menschen, die es innerhalb kürzester Zeit schaffen, mich fröhlich und zufrieden zu stimmen. Eigentlich verkauft er ja Zeitungen. Aber Kolporteure haben heute eine viel größere Bedeutung: Sie sind die Psychiater im Straßenverkehr, Märchenerzähler aus dem Fernen Osten, Mutmacher. Besagter Ägypter ist der Liebling aller Kinder, immer findet er zwischen „Krone! Kurier!" die Zeit für eine Grimasse, ein Lächeln, einen Händedruck. Und noch nie hab' ich bemerkt, daß ältere Leute sich bei ihm über die langen Haare aufgeregt hätten.

Manchmal erzählt er mir von seinen Problemen in Österreich. Wie die meisten Kolporteure ist er Student. Eine Wohnung zu finden war schon schwer genug, jetzt geht es darum, die monatliche Miete zu verdienen. Daneben sein Studium, obendrein plagt ihn Heimweh, und die rechte Schulter schmerzt nach einem Unfall. Keine einfache Situation, die vermutlich sehr viele von uns zum Jammern bringen würde. Und dann jede Nacht hinaus auf die Straße, bei jedem Wetter. Egal ob es regnet, schneit oder die Sonne vom Himmel glüht – er steht da, mal in Anorak und dicken Schal gehüllt, dann wieder im schlichten T-Shirt, immer in der eleganten gelben Plastikjacke, die schon von weither zu erkennen gibt, daß hier Tageszeitungen verkauft werden. Beklagt hat er sich aber noch nie. Ganz im Gegenteil versucht er mir meine Sorgen von der Nase abzulesen, und er schafft es auch immer wieder, ein Lächeln als Zwischenstopp an der Ampel Hadikgasse in mein Gesicht zu zaubern. Ist die Ampel grün, dann winkt er mir einfach zu, auf meinem Weg zur Arbeit. Ist sie rot, wird das Fenster ganz selbstverständlich heruntergekurbelt, als Kavalier der alten ägyptischen Schule begrüßt er mich mit einem Handkuß, und wir plaudern solange, bis es grün wird. Er liest die Schlagzeilen und hat oft schlichte, weise Interpretationen parat. Zu meiner Schande muß ich gestehen, daß ich bei ihm noch nie eine Zeitung gekauft habe (das fällt mir erst jetzt auf!). Aber es würde mir etwas fehlen, wäre er einmal nicht da.

Freundschaft

Worin besteht der Unterschied, ob ein Mann eine Frau als „Freund“ bezeichnet oder als „Freundin“?

„Sie ist ein guter Freund“ ist rein grammatikalisch falsch, dafür ist sie aber umso richtiger und wichtiger, wenn es um all jene Eigenschaften geht, die sonst eben nur eine Männerfreundschaft auszeichnen: Mit ihr kann er über alles reden, über berufliche Sorgen, finanzielle Nöte, gesundheitliche Probleme, durchzechte Nächte, alkoholhältige Abende, auch über Freundinnen. Sie kann er immer anrufen, kann sie – wenn Not am Freund ist – selbst um vier Uhr früh aus dem Schlaf wecken. Sie hört zu, tröstet, motiviert, sie ist da, wenn er sie braucht, hat Verständnis für seine Wehwehchen und darf auch Kritik üben. Sie ist ein echter Kumpel, eben ein guter Freund, hat viele Tugenden, dafür kein Geschlecht. Selbst wenn sie die Taille von Marilyn, den Busen der Loren, die Lippen von Kim Basinger, den unschuldigen Blick von Pretty Woman hat, das tut hier nichts zur Sache, ihre Weiblichkeiten bleiben vielleicht nicht unbemerkt, aber ohne Konsequenzen. Hier geht es um die rein platonische Beziehung zwischen Mann und Frau, die viele für unmöglich halten, andere, die so eine Freundschaft kennen, dafür umso mehr schätzen.

Die FreundIN dagegen, die ist ganz Frau. Hier knistert erotische Spannung, hier läuft etwas, was mit einem Freund nie laufen würde. Diese Frau wird heiß begehrt, hier sind Verliebtheit, Leidenschaft, Besitzdenken, Eifersucht und all diese seltsamen Verwirrungen, die zu einer klassischen Beziehung zwischen Mann und Frau angeblich dazugehören, im Spiel. Die Freundin ist ein Teil einer (partnerschaftlichen) Zweierbeziehung oder auch ein Drittel eines Dreiecks-Verhältnisses. Irgendwo im Hinterkopf, dort, wo wir längst überholte Verhaltensmuster aus früheren Zeiten ablagern und speichern, ist die Freundin eine „nicht legalisierte Geschichte“. Das meint jedenfalls mein Freund, der eine gute Freundin von mir ist.

Wesentliches

Ich wollte ja immer viel, spannende und interessante Arbeit. Jetzt hab' ich's, mit allen Konsequenzen. Ich tanke mehr Sprit an Autobahnraststätten als Frischluft im Garten, liege öfters in weichen Hotelbetten als in meinem Biobett mit Roßhaarmatratze, sehe orange geblumte Hoteltapeten statt meiner Lieblingsbilder, werde anonym als Flugpassagier von diversen Cateringunternehmen versorgt, statt endlich meinen Kühlschrank wieder einmal mit kulinarischen Haltbar-Köstlichkeiten zu füllen. Es war wieder einer dieser Tage. Mein Chef will mit mir in Mainz über die nächste Sendung sprechen, das Konzept ist noch nicht fertig, die Post liegt unbeantwortet auf meinem Schreibtisch, meine beste Freundin hat sich frustriert am Anrufbeantworter verewigt („Dich erreicht man ohnehin nie – melde dich gefälligst!“), der Terminkalender ist genauso voll wie der Papierkorb, ich muß zum Flughafen, das Ticket liegt abholbereit am Schalter. Doch zuvor, einen Sinn fürs Familiäre hab ich trotz alledem noch, besuche ich noch schnell meine Mutter, um mich in aller Kürze zu verabschieden und auf diesem Wege meinen Schwestern und deren ein paar Wochen alten Kindern ein paar gehetzte Grüße zu übermitteln.

Meine Mutter blickt mich mit dem Blick an, den eben

nur Mütter haben, wenn jeder weitere Kommentar überflüssig ist. „Wenn sie dann laufen können, wirst du sie schon wieder sehen!" gibt sie mir lächelnd mit auf den Weg. Es war bloß ein Scherz. Aber der hat gesessen. Sie hat ja recht, auch wenn sie es bereits aufgegeben hat, mir zuzureden, daß ich mir für mich und Freunde und Familie und Erholung und Freizeit und ähnlich Wesentliches im Leben doch mehr Zeit nehmen solle. Es gibt eben Dinge, auf die man nur selbst draufkommen kann, z. B. Wesentliches und Unwesentliches zu unterscheiden. Kinder gehören da eindeutig zur ersten Kategorie, sie sind die Wunder dieser Welt, und jeder, der aus eigenen Stücken an diesem Wunder nicht teilhat, muß wahnsinnig sein! Auch wenn ich noch nicht sehr viel dazugelernt habe, soviel steht fest: Nicht erst ihre ersten Schritte werden Lisa und Marlon an meiner Hand machen!

Austropop – eine Liebeserklärung

Es begann 1981 bei einem Konzert der Hallucination Company. Andy Baum sang „Mirror, Mirror" und traf mich mitten ins Herz. Ich kannte sie damals alle nicht, die „Austropopper" – mit der österreichischen Musikszene konnte ich soviel anfangen wie mit indischer Meditationsmusik, nämlich gar nichts. Und dann hab' ich sie alle getroffen und kennengelernt, bei Interviews, Pressekonferenzen, Plattenpräsentationen und natürlich in ihren Konzerten. Die Stimme eines Hansi Lang hat mir soviel Kraft gegeben wie die Poesie von Rainhard Fendrich. Christian Kolonovits wurde für mich vom „Musiker und Plattenproduzenten" zu einer Landschaft, die Harmonie und Einklang mit mir selbst bedeutet. Joesi Prokopetz hat mich zum Lachen gebracht, STS zum Nachdenken, Ludwig Hirsch zum Zuhören, Wiggerl Adam zum Staunen. Der Ostbahnkurti hat mir gezeigt, was intellektuelles Understatement ist, und Heli Deinböck hat meinen Begriff von lustvoller Ausdauer bestätigt. Die Untouchables haben bewiesen, was ehrliche Arbeit und Bodenständigkeit bedeutet, die EAV gezeigt, wie tiefgründig und brillant Humor sein kann, Tony Wegas vermittelte Spontaneität und Temperament, Wolfgang Ambros Durchhaltevermögen. Ein volkstümliches Sprichwort sagt: „Wo man singt, da laß dich ruhig nieder, böse Menschen haben keine Lieder". Und da ist was dran. Die Arbeit eines Musikers in Österreich ist kein leichtes Brot. Die engen Grenzen des heimischen Plattenmarktes und somit beschränkte Verkaufsmöglichkeiten machen das finanzielle Bestehen hierzulande nicht einfach, die internationale Konkurrenz scheint übermächtig. Seiltänzer, Scharlatane, Gaukler und Musikanten, das sind sie alle, in der besten Bedeutung dieser Worte. Für ihre Arbeit und das Können aller gestandenen heimischen Musiker empfinde ich heute nicht nur stille Bewunderung, sondern auch den Hauch von Dankbarkeit, die man für schöne Momente im Leben auch einmal aussprechen möchte. Durch sie und ihre Musik war ich oft nicht allein. Sie haben mich begleitet auf langen Reisen, haben mich getröstet in traurigen Nächten. Wer ihre Platten kennt, ihre Konzerte besucht, der weiß, was ich meine. Wir haben hier in Österreich ein ungeahntes Potential an „Glücksbringern" – Menschen, die mit ihren Texten und Melodien andere glücklich machen können. Überhören wir sie nicht.

Kirchenaustritt

Ich habe mir den Entschluß gut und sehr lange überlegt. Jahrelang habe ich immer wieder davon gesprochen, es dann aber doch nicht getan. Es ist mir – weiß Gott – nicht leicht gefallen, den Weg zum Magistrat anzutreten und mit einem schlichten Stempel auf der Rückseite meines Taufscheines (den doch mein Pater Petrus ausgestellt hatte, der noch lange nach seinem Tod ein fester Anker und ewiger Lichtblick für mich sein wird!) den Austritt aus der Kirche zu vollziehen.

Ja, ehrlich, ich hatte ein bißchen Bauchweh und Hemmungen dabei. Schließlich ist man nicht frei von Erinnerungen, Erziehung, Umwelt – schließlich gibt es Ansätze und Ideen christlichen Denkens, die tief in mir verwurzelt sind. Und die ich auch nicht vorhabe zu verlieren, genausowenig wie meinen Glauben an Gott. Ein Glaube, den ich mir mühsam erarbeitet habe, der schließlich dazu beigetragen hat, mein Weltbild zu festigen, der meine Vorstellung von Menschlichkeit und menschlicher Verantwortung mitgeprägt hat. Und der mir weiterhin durch manche Unebenheiten des Lebens helfen wird.

Es geht mir auch nicht um die Kirchensteuer, ich werde immer engagierte Leute wie z. B. einen Bischof Kräutler und andere wichtige Aktionen und Projekte durch meine Spenden unterstützen. Doch ich kann einfach nicht mehr Mitglied sein in einem „Verein“, der sich so wenig weiterentwickelt hat, wie die katholische Kirche in den letzten Jahren. Mit Statuten, die auch menschenverachtend und heuchlerisch sind. Mit Ansichten, die der oberste Hirte zwar publikumswirksam vorträgt, die dadurch aber nichts an Brisanz und manchmal sogar Gefährlichkeit verlieren. Wir leben nun einmal nicht mehr im Mittelalter, und für die dringenden Probleme und Herausforderungen unserer Zeit hat diese Kirche für mich nur ungenügende Antworten. In dieser so schwierigen Lage stehen Menschen an der Spitze, die, anstatt mutig und offen Neues zu wagen, mit reaktionären Ansichten selbst das Vertrauen der eigenen Reihen verlieren. Menschen, die dieser Kirche mit ihren Äußerungen und Taten so großen Schaden zufügen, wie es in der Anzahl der Kirchenaustritte bei weitem nicht zu bemessen ist!

Ja, ich will

Es ist ein besonderer Tag. Mein bester Freund heiratet. Die Hochzeitsvorbereitungen hab' ich teils aus sicherer Distanz, teils in leidvoller Erfahrung miterlebt. Da wollen zwei heiraten. Die Idylle dieser romantischen Entscheidung legt sich spätestens bei der Bewältigung der dafür nötigen Bürokratie. Man könnte meinen, manche Standesämter sind dafür da, um zu verhindern, daß je jemand heiratet. Aber sie haben diese Hürde, mit leichten Blessuren, genommen. Sie haben bewiesen, daß der Vater der Mutter der Braut auch Steuerzahler war. Daß sie, laut Zeugnis der 2. Klasse Volksschule, ein „Gut" in Rechnen hatten und daher durchaus befähigt sind, den Bund fürs Leben zu schließen. Die Vielzahl der Dokumente und Gutachten, die einem bescheinigen, daß man als Mensch auf dieser Welt leben darf, ist wirklich beachtlich. Und wenn man sie dann braucht, um nachzuweisen, daß man das ab nun zu zweit tun will, dann fehlt bestimmt irgendein Tauf-, Staatsbürgerschafts-, Reife-, Schul-, Melde- oder anderes Zeugnis. Oder die entsprechende Stempelmarke.

Dann der Name. Nimmt die Braut den Familiennamen des Gatten an, klassisch, altmodisch, traditionell? Oder paßt ein moderner Doppelname, getrennt durch einen Bindestrich, besser zum verbleibenden Vornamen? Eine schwerwiegende Entscheidung, und auch die neue Unterschrift will geübt sein!

Dann die Kleidung. Warum in Weiß heiraten, wenn einem Schwarz doch viel besser paßt? Ein Spießrutenlauf durch Boutiquen und Modehäuser, hunderte Verkäuferinnen, die einem mit ihrem ewigen „Sie sehen ganz entzückend aus" zum Wahnsinn treiben. Aber auch das ist geschafft. Hübsch werden sie sein, Braut und Bräutigam. Anzeigen und Einladungen, Glückwünsche und Hochzeitsbillets, singende Telegramme und gerührte Verwandte. Verzweifelte Freunde, die nicht wissen, was sie schenken sollen, aber das originell verpackt. Hungrige Bekannte, die ja doch nur das Buffet plündern. Vorher Streß total, und auf „ja" geht's erst richtig los. So könnte man zwischen Papier, Karton, Blumen, Zuckerglasur, Freudentränen, Sektlaune und Grillhendl fast vergessen, warum man überhaupt heiratet. Ja, richtig, wieso habt ihr geheiratet? Vergeßt es nicht. Vergeßt die Liebe nicht.

Erinnerungen

Mit liebenswerter Ehrlichkeit gibt mein Freund Peter immer wieder die Geschichte zum Besten, wie ich, bewaffnet mit Toast, Schinkenspeck, Käse und Tomaten, einen Mordanschlag auf ihn verüben wollte. Der Toast war verkohlt, der Schinkenspeck mit grünem Schimmel-Schimmer überzogen, die Tomate brennheiß, und der Käse rann elegant über die Finger. Das ist seine Version.

Dabei war doch alles ganz anders. Ich habe diese Toasts mit unsagbar viel Liebe zubereitet, die letzten im sonst leeren Kühlschrank noch verfügbaren Lebensmittel für ihn zusammengekratzt. Das bißchen Schimmel hab' ich doch im geheimen entfernt, bevor er es überhaupt erkennen konnte, und die überbackene Tomate machte das Ganze erst so richtig delikat! Es waren meine ersten Kochversuche, und ich erinnere mich mit hausfraulichem Stolz daran. Das ist meine Version.

Es gibt bekanntlich immer drei Wahrheiten: deine, meine und die richtige. Dabei ist keine davon „wahrer", „besser" oder näher dran an der Situation, wie sie wirklich war. Sie sind einfach anders. Schließlich erlebt jeder Mensch ein und dieselbe Situation auf sehr unterschiedliche Art und Weise, mit seinen eigenen Augen und Ohren, die – auch wenn sie dasselbe wahrnehmen

– es uns doch sehr unterschiedlich empfinden lassen. Während der eine Gänseblümchen auf der Wiese sieht, weiß der andere nur von Schäfchenwolken am Himmel – und doch meinen sie denselben Spaziergang.

Wenn mein Vater über den Kauf der afrikanischen Statue schwärmt, die das Wohnzimmer verschönert, dann erzählt er von einem stimmungsvollen Straßenmarkt und riecht immer noch den Duft des Pfefferminztees, den er dort getrunken hat. Meine Mutter erinnert sich an einen schweißüberströmten Spaziergang über staubige Straßen, behängt mit Fototaschen. Starrende Blicke der Verkäufer, die am liebsten ihre blonden, glatten Haare anfassen wollten. Es geht dabei um ein und dieselbe Statue, die meine Eltern gemeinsam gekauft haben.

Aber: Wenn sich zwei an dasselbe erinnern, ist es noch lange nicht das gleiche!

Muttertag

Ich werde zum Muttertag kein Gedicht aufsagen. Auch keinen Kuchen backen. Das Selbstgebastelte liegt schon einige Zeit zurück, und die originellen Muttertagsgeschenkvorschläge aus der Werbung werde ich liebevoll ignorieren. Wahrscheinlich werde ich nicht einmal zu Hause sein.

Mama wird während meiner Abwesenheit die Pflanzen in meiner Wohnung gießen. Mama wird die Vorhänge abnehmen, waschen und wieder aufhängen. Mama wird das Loch in meinem rechten Hausschuh, das durch stetige Bewegung der großen Zehe im letzten Jahr immer größer wurde, stopfen. Mama wird die Gartensessel zusammenklappen, falls es zu regnen beginnt. Mama wird da sein, wenn der Rauchfangkehrer kommt, und Briefe und Pakete vom Briefträger entgegennehmen. Und wenn Mama ahnt, daß es mir zur Zeit nicht so gut geht, dann wird wahrscheinlich auch noch ein Vanillepudding auf dem Tisch stehen, wenn ich von meinen beruflichen Auslandsaufenthalten nach Hause komme.

Das klingt so, als wäre ich ein furchtbar verwöhntes Einzelkind?! Mitnichten.

Mama hat fünf Kinder, einen Ehemann, einen Schwiegersohn, drei Enkelkinder, eine Mutter, eine

Schwiegermutter, zwei Hunde, hie und da eine Katze, dann sind da noch diverse Freunde der fünf Kinder, Nachbarn und Bekannte, Freunde und Verwandte. Und für sie alle ist sie in gleicher Weise da. Pflegt und hilft, hört zu und gibt wichtige mütterliche Ratschläge zur richtigen Zeit. Wie sie das alles macht, ist mir bis heute ein Rätsel. Aber es muß wohl etwas damit zu tun haben, daß Liebe, die man teilt, wächst. Außerdem ist Mama berufstätig. Und, fast hätt' ich's vergessen: Mama ist eine wunderschöne Frau! Wenn ich dann am Muttertag antanze und „Dankeschön" sage, komme ich mir einfach lächerlich vor und sehr klein. Natürlich wünsche ich ihr alles Gute zum Muttertag, wie auch an allen anderen 364 Tagen im Jahr. Aber zum Glück gibt es Dinge, die man in Worten nicht ausdrücken kann. Und das weiß Mama auch.

GEDANKEN

Voll im Trend

Schlafen Sie zu Hause auf japanischen Futon-Betten? Sprechen Sie Ungarisch oder fließend Französisch? Essen Sie zum Frühstück schwedisches Knäckebrot? Haben Sie „Eine kurze Geschichte der Zeit“ schon gelesen? Fahren Sie Mountainbike? Haben sie einen „Time System“-Kalender und eines dieser nervtötenden D-Netz-Telefone, das die wirklich wichtigen Menschen in der Jackentasche tragen? Haben Sie Freunde in Prag? Tragen Sie zerknitterte Leinenanzüge? Oder Schafwollpullover? Es ist auch ganz egal. Sie liegen auf alle Fälle voll im Trend. Denn zu jedem Kleidungsstück, zu jeder Ernährungsform, zu jedem Freizeitvergnügen, zu jeder politischen Ideologie und zu jeder nur erdenklichen Lebensform gibt es heute den passenden Trend. Ob Sie das traute Familienidyll für Ihre Karriere geopfert haben, ob Sie allein leben (was man trendmäßig als Single bezeichnet) oder zu zweit – ob Sie sich zu Hause voll und ganz Ihren Sprößlingen widmen oder nach der dritten Heirat gerade wieder in Scheidung leben – ob Sie hoffnungsvoll in den Osten blicken oder Ihr Leben nach amerikanischen Serienhelden ausrichten. Ob Sie zu den 0,01 Prozent „neuen Männern“ gehören oder vom alten Schlag sind. Sie liegen voll im Trend! So wie Ihnen geht es Tausenden anderen auch! Und trotzdem:

Ich weigere mich, mein Leben nach irgendwelchen Trends auszurichten! Es mag schon sein, daß es meinen Kieferntisch in millionenfacher Ausfertigung gibt und dieses Modell auch richtungweisend für den Erfolg eines schwedischen Möbelhauses war – aber der Kratzer, dem ich ihm bei einem handwerklichen Verschönerungsfall zugefügt habe, der ist einzigartig! Auch so eine Yucapalme seh' ich in jedem Trend-Lokal. Aber das absolut schiefe Blatt links unten hat eben nur meine. Das schwarze Seidensakko liegt voll im modisch düsteren Existentialisten-Trend, der Wachsfleck am rechten Ärmel sicher nicht! Und wenn ich auch eine von tausenden berufstätigen Frauen bin, die allein leben – mein Glücksgefühl bei gelungener Arbeit hat noch niemand empfunden. Meine Tränen in allzu einsamen Stunden hat niemand anderer geweint. Und meine Luftschlösser hab' nur ich gebaut. Suchen und lieben Sie die Kratzer, die Flecken, die Beulen, die Kanten, die Lachfalten und Tränen in Ihrem Leben. Versuchen Sie, ein einzigartiger Individualist zu sein. Ich kann Sie beruhigen, Sie liegen auch damit voll im Trend!

Aus Liebe

Ein junger Israeli feuert mit einer Maschinenpistole in eine Gruppe von Straßenarbeitern, tötet dabei sieben Palästinenser und löst damit eine neue Welle der blutigen Gewalt aus. Sein Motiv: Liebeskummer. Ein paar Tage zuvor tötet ein Mann seine Mutter, seine Frau, seine beiden Kinder und bringt anschließend sich selbst um. Motiv: Eifersucht. Ein sitzengelassener Lehrling lauert seiner Angebeteten auf, erwürgt und ersticht sie anschließend. Motiv: Haß, der einmal Liebe war.

Die grausamsten Verbrechen, langjährige Kriege, abscheuliche Greueltaten geschehen aus Liebe. Aus fehlender, nicht erwiderter, falsch verstandener Liebe. Liebe, die wie ein wertvolles Stück Porzellan fallengelassen und in tausende Scherben zerbrochen ist. Liebe, die dem zermürbenden Alltag nicht standgehalten hat. Langsam und oft unbemerkt werden auf der Basis endlos scheinender Vertrautheit viele kleine Verletzungen und Unachtsamkeiten zunächst nicht registriert. Bis ein kleiner Funke das so gesammelte Gefühls-Dynamit-Depot zur Explosion bringt und aus Liebe Haß werden läßt. Liebe und Leidenschaft – die Leiden schafft.

Aber – auch die schönsten Momente sind die, in denen man Liebe empfindet. Warme, tiefe, wundersame, bedingungslose Liebe. Die großartigsten Kunstwerke auf dieser Welt – in der Musik, der Malerei, im Film, in der Architektur, der Literatur – sind aus und rund um Liebe entstanden. Gäbe es keine Liebeslieder, keine literarischen Liebesschwüre, keine cineastischen Lovestories, um wieviel ärmer wäre diese Welt!

Ähnlich wie Naturgewalten kann Liebe wunderschöne, entsetzliche, unkontrollierbare Kräfte freisetzen. So wie Feuer angenehm wärmen, aber auch verbrennen kann. So wie Wasser lebensnotwendig, aber auch alles zerstörend sein kann. So kann Liebe Leben entstehen lassen, aber auch töten. Und die schönsten drei Worte – „Ich liebe dich" – können somit auch zur gefährlichsten Drohung werden.

Keine Angst

Wir haben Autos aus Japan, Fastfood aus Amerika, tragen Pullover, die von billigen Arbeitskräften in Rumänien gefertigt wurden. Wir lieben Döner Kebab, den Griechen um die Ecke, und italienische Pizza schmeckt uns. Unsere Demokratie ist griechisch, unser Christus ist Jude, unsere Zahlen sind arabisch, die Schrift lateinisch. Der Kaffee kommt aus Brasilien, und Urlaub machen wir in der Türkei. Das alles finden wir fein, die angenehmen Seiten einer „multikulturellen" Gesellschaft, grenzenloses Beisammensein.

Und plötzlich gibt es auch Menschen von überall. Die im Glauben, daß es ihnen hier besser geht als in ihren Heimatländern, zu uns kommen. Von „Ausländerschwemme", „Flüchtlingsstrom" und „Asylantenflut" ist dann oft die Rede. Es sind zehntausende Asylbewerber, die wir pro Jahr aufnehmen sollen. Bei einer Gesamtbevölkerung von sieben Millionen Menschen. Wer soll denn da bitte „überschwemmen"? Die Diskussion um Asylrecht wurde zu einem sehr sensiblen Thema, bei dem man ganz genau auf die Wortwahl achten sollte, z. B. Fremdenangst (eine natürliche menschliche Eigenschaft) statt Ausländerfeindlichkeit. Es darf nicht vergessen werden, daß dieses Problem, bei dem politische und wirtschaftliche Überlegungen und Entscheidungen dringend gefordert und wahrlich nicht einfach sind, letztendlich ein moralisches bleibt. Mensch zu sein, bedeutet nicht nur Urlaub auf diesem Planeten zu machen. Das ist manchmal auch ein verdammt harter Job. Und zu dem gehört es, anderen, denen es schlechter geht als uns, zu helfen. Sie werden kommen, mit und ohne Grenzen, egal wie laut Rechtsradikale brüllen und toben. Wenn all die Energie, die darauf verschwendet wird, über eine möglichst lückenlose Abriegelung der Grenzen nachzudenken, für konsequente Mittel und Wege zum Zusammenleben mit Ausländern verwendet wird, wären wir schon ein schönes Stück weiter. Es werden all jene gut beraten sein, die als zivilisierte Menschen eines demokratischen Staates, in Bewußtsein und Kenntnis ihrer Geschichte, trotz Emotionen ihr Hirn nicht ausschalten – und schwierigen Problemen offen entgegentreten. Niemand, und davon bin ich fest überzeugt, gibt leichtfertig Existenz, Freunde und Leben in gewohnter Umgebung zu Hause auf, um im Schlaraffenland Österreich Asylurlaub zu machen.

•

Gesellschaft

Wenn keiner schuld haben will und doch jeder Schuld trägt, wenn jeder wegschaut und doch ganz genau sieht, was da passiert, dann wissen wir, woran es liegt: an der „Gesellschaft“, jener anonymen, klebrigen Masse, hinter der es sich so gut verstecken läßt. Wenn Kriminalität steigt, Nähe und Wärme schwinden, Kinder aggressiv sind, Alte in Heimen und Drogentote auf der Straße verkommen, dann ist „die Gesellschaft“ dafür verantwortlich. Wer sonst? Nun ist es reichlich unmodern geworden, für ebendiese Gesellschaft auch etwas zu tun, sich selbst als aktives und kreatives Mitglied zu begreifen. Was wir brauchen, ist eine dringende soziale Offensive! Das klingt vielleicht bedeutender, als ich es meine, keine großangelegte Aktion, sondern vielmehr ein Umdenken im Kleinen! Wie man seine Ellbogen bis zur technischen Perfektion benutzt, das weiß doch heute jedes Kind. Jeder ist sich selbst der Nächste, die eigene Haut ist immer näher als gar ein fremdes Hemd. Nur wer an sich selbst und seine Ziele denkt, der bringt es zu etwas im Leben, der wird Erfolg haben. Das gehört doch heute zum kleinen Einmaleins. Aber für andere etwas tun? Nicht sich selbst zum Maß aller Dinge machen, sondern auch einmal vorher rundum schauen, wie es anderen geht, die vielleicht Hilfe brauchen? Das klingt unpopulär, kitschig und ein wenig sentimental, das haben wir nicht gelernt und auch nur selten gehört. Dafür engagieren wir einfach ein paar Leute, die sich dann von Berufs wegen um das Wohl unserer Nächsten kümmern sollen – wir haben nichts mehr damit zu tun!

Wann wird „Sozialkunde" nicht bloß müdes Bekenntnis, ein verstaubtes Unterrichtsfach sein? Wo sind lebendige Schulstunden in Altersheimen, bei Behinderten, Flüchtlingen? Ohne Noten, einfach dasein, zuhören, eine Hand halten, trösten und mehr begreifen als hinter jeder Schulbank. Auch das will gelernt sein, Geduld und Hinwendung als schulisches Anliegen! Wo ist eine massive Aufwertung aller sozialen Berufe, die längst attraktiver gestaltet werden müßten? Die mehr verdienen müßten – an Geld und Achtung – als so mancher kühle Topmanager? Wo ist „die Gesellschaft", die nicht nur feige Ausrede ist, sondern mutige Herausforderung!!??

Wie geht's?

Hallo, wie geht's?" – „Danke, gut!" Der Informationswert dieses täglich millionenfach inszenierten Rituals ist gleich Null. Die Frage ist zwar beantwortet, bleibt aber klassisch unbeantwortet. Floskel gegen Floskel.

Auch wenn ich gerade bemerkt habe, daß jemand unbemerkt in mein parkendes Auto gefahren ist, ich mich mit meiner starken Erkältung einfach elend fühle, mit meinem Chef gestritten habe, meine Geldbörse mit allen Ausweisen und Papieren nicht finden kann und mir vor Liebeskummer das Herz zerreißt – „Wie geht's?" – „Danke, gut!" Ich habe auch schon probiert, auf diese Frage ehrlich zu antworten. „Mir geht's beschissen, weil ich mit meinem Chef Streit habe, mich krank fühle und eigentlich ins Bett will, nicht weiß, wo meine Geldbörse mit allen Papieren und Ausweisen ist, Liebeskummer habe und ein kaputtes Auto ...". Spätestens hier wird sich der Gesprächspartner überfordert abwenden oder mitleidig lächeln. Das will keiner wissen. Die Engländer haben diese Kunst des Redens-aber-nichts-Sagens weiter perfektioniert. Da heißt es mit monotonem Tonfall: „How do you do". Die Antwort kommt wie ein Echo: „How do you do". Kein Fragezeichen, kein leises Anheben der Stimme. Was geht es irgendeinen Fremden an, wie es mir geht!!

Nahezu rettend kann diese Kommunikationsbrücke in der Situation sein, wenn ein Mensch von weither aufgeregt schreit: „Hallo Barbara, schon lange nicht mehr gesehen!" Mein Kurzzeitgedächtnis beginnt zu arbeiten, mein Langzeitgedächtnis rotiert – wer ist diese Frau bloß? Wie im Film lasse ich vor meinem geistigen Auge mehrere mögliche Szenarien ablaufen: Studio,Kaffeehaus, Flugzeug, Büro, ... das alles versteckt sich unter einem belanglosen Lächeln und einem freundlichen „Na, wie geht's?". Trotz der Inhaltsleere hat dieses Ritual seinen Nutzwert: Was sollten wir sonst unser Vis à vis im Fahrstuhl fragen, den netten Portier, die Gemüsefrau, – Menschen also, mit denen uns nicht mehr verbindet, als die Tatsache, Mit-Menschen zu sein? Greifen wir also weiterhin zur sozialen Krücke der unbeschwerten Plauderei, statt einen seelischen Striptease hinzulegen.

Wie geht's Ihnen? – Danke, mir geht's gut.

Veranstaltungstips

So wie es zu meinen festen Gewohnheiten zählt (oder ist es ein Tick?), in Tageszeitungen die Personensuchanzeigen zu lesen (schließlich könnte ich ja gesucht werden, und wenn sie keiner liest, kann auch keiner gefunden werden!), so bereitet es mir jedesmal aufs neue großes Vergnügen, die täglichen lokalen Veranstaltungshinweise durchzuschauen. Man ist ja dankbar für alle Anregungen für die Freizeitgestaltung am Wochenende. Die „Hai- und Piranhafütterung im Haus des Meeres“ scheint mir ebenso attraktiv wie „Ein Spaziergang durch das alte Simmering“. In bunten Bildern versuche ich mir auszumalen, was wohl unter dem Titel „Die Zukunft ist unser einziges Ziel“ geboten wird, und welche Menschen diese Veranstaltung besuchen. Aus der Ankündigung geht allerdings nicht eindeutig hervor, ob es sich um ein esoterisches Grundseminar handelt oder um einen öko-politischen Vortrag mit anschließender Diskussion. Die „Mischlingshundeschau“ am Sportplatz Rodaun zieht genauso Besucher an wie „Tibetanische Gebetsmühlen im Wandel der Jahrhunderte“ in der Volkshochschule. Für Kulturbegeisterte spielt das Theater am Sozialamt die Uraufführung des Stückes „Die Errettung des Publikums vor dem Theater“, die Vernissage „Expressionistische Landschaften des oberen Burgenlandes“ erwecken nicht unbedingt mein Interesse. Das ist doch eher etwas für Spezialisten.

Ich finde es immer wieder faszinierend und bewundernswert, wie sich Menschen mit ihren Hobbies und Interessen einer kleinen Öffentlichkeit stellen. Weil sie ihre Erlebnisse in fernen Ländern nicht für sich behalten und in Form von Diavorträgen weitergeben wollen. Weil sie mit großem Selbstbewußtsein und Überzeugungskraft mit ihren zunächst noch bescheidenen Künsten ein kleines Publikum zum Jubeln bringen wollen. Es ist manchmal schwerer, zehn Menschen zu begeistern, als vor einem ausverkauften Stadion zu spielen.

Mein unangefochtener Favorit unter den Veranstaltungstips ist aber immer noch „Die Biene und der Mensch“. Es kann wohl nur an der Uhrzeit gelegen sein, daß ich da nicht vorbeigeschaut hab’!

Lachen

Während des Golfkrieges wurde eine Folge der beliebten Unterhaltungssendung „Wetten, daß ..." abgesagt. Die Welt war in Panik, keiner konnte ahnen, welche Ausmaße diese politische Krise noch annehmen würde. Vom bevorstehenden dritten Weltkrieg war sogar die Rede, und angesichts solcher schlimmen Perspektiven war allen das Lachen vergangen. Thomas Gottschalk meinte dazu: „Es gibt Zeiten, da müssen die Narren schweigen ...".

Nach dieser Theorie müßten eigentlich ständig alle Unterhaltungssendungen, Komödien und anderer Fernseh-Klamauk abgesagt werden. Denn irgendwo auf der Welt findet immer gerade ein Krieg, eine Katastrophe, eine Krise statt, die uns nachdenklich und still stimmen sollten. Absagen aus Angst vor Gewalt und aus Betroffenheit von der Dummheit der Menschen, die immer noch nicht dazugelernt haben und glauben, Konflikte mit Krieg lösen zu können.

Wie wichtig ist es aber gerade in solchen Zeiten, daß wir alle positiven Kräfte, über die wir verfügen, sammeln und zum Ausdruck bringen! Betroffen und betrübt zu sein, traurig, niedergeschlagen und verzweifelt, das ist in manchen Situationen zwar verständlich, aber letztendlich zu wenig, um konstruktiv etwas verändern zu wollen. Nach der Phase der „Trauer“ sollte man doch wieder alle Kraft darauf verwenden, Kreativität, Phantasie, Fröhlichkeit, Liebe, nochmals Liebe und Lachen wirken zu lassen! – „Das Lachen ist das laute Echo eines Seufzers. Seufzen ist das schwache Echo eines Gelächters. Lachen ist der große Antrieb des Lebens. Wenn wir lachen können, können wir leben.“ (S. O'Casey)

Was wir dafür brauchen, sind keine Geschmacklosigkeiten, Peinlichkeiten, keine inszenierte Fröhlichkeit. Ehrliches, inniges, echtes Lachen. Was die Welt – nicht nur in allen Kriegsgebieten und Krisenregionen – so dringend braucht, sind „good vibrations“. Menschen, die sich darauf konzentrieren, Gutes zu tun, Gutes zu fühlen und Gutes zu denken. Das klingt so banal und wäre so wirkungsvoll.

Den Krieg aus-lachen.

Das müßte doch möglich sein, auch wenn die Narren schweigen.

Schon wieder Weihnachten

Schon wieder", sagt die Tochter zu ihrem Freund, „in einem Monat ist Weihnachten. Jetzt geht es los mit dem unnötigen Weihnachtsrummel, beleuchteten Straßen, Kunstschneeflocken und Plastikengeln. Mit Stille Nacht und Karpfen, Christbaum und Geschenken. Keiner weiß, was er schenken soll, weil doch jeder schon alles hat, aber für die Bescherung müssen eben irgendwelche Pakete und Geschenke her. Da werden Vanillekipferln und Zimtsterne gebacken, was das Zeug hält. Bis zum 24. die besinnliche Scheinheiligkeit, und am 24. liegen sich dann alle zu Tränen gerührt in den Armen. Da gibt es kein Aus, der Weihnachtsabend, der ist meinen Eltern heilig, die Oma kommt, und wenn ich nicht da wäre, wären sie total sauer!"

„Schon wieder", sagt die Mutter am selben Tag zu ihrem Mann, „in einem Monat ist Weihnachten! Eigentlich müßten wir ja kein großes Theater mehr machen, einfach einmal ein gemütlicher Abend zu zweit, kein Stille Nacht, bei dem keiner den richtigen Ton trifft und spätestens bei der zweiten Strophe alle wegen Textschwierigkeiten zu einem melodischen ‚lalala' übergehen. Was wär' ich froh, wenn ich einmal nichts backen und kochen müßte! Aber wir müssen da einfach mitmachen, schon wegen der Kinder. Die sind zwar längst erwachsen und tun immer so, als ob ihnen nichts dran läge – aber irgendwo sind sie halt doch noch Kinder und warten alle Jahre wieder aufs Klingen des Glöckchens, wenn das Christkind da war. Na, die wären schön enttäuscht, wenn der ganze Weihnachtszauber nicht wäre!"

„Schon wieder", sagt die Oma an diesem Abend zur Enkelin, „in einem Monat ist ja Weihnachten. Mir als alter Frau liegt ja nicht gar so viel dran. Ich wäre froh, wenn das ganze Jahr über öfter einer von euch zu Besuch käme. Aber es ist halt ein Familienfest, und deine Mutter macht sich ja so viel Mühe mit dem Karpfen, dem Kartoffel- und dem Bohnensalat, die wäre ja sonst sehr enttäuscht!"

Tatsächlich: Alle Jahre wieder ist irgendwann, ganz plötzlich und unerwartet in einem Monat Weihnachten.

Schon wieder!

Lesen

Das wenig erstaunliche Ergebnis einer Umfrage einer Zeitschrift zum Leseverhalten von Kindern ergab, das 64% von ihnen lieber vor dem Fernseher sitzen und konsumieren, was gerade so geboten wird (bevorzugt sind das Zeichentrickfilme aller Art), als sich in derselben Zeit einem guten Buch zu widmen. Die erstaunlich logische Erklärung dafür wird von einem der fernsehfreudigen Kleinen gleich mitgeliefert: „Lesen muß der Mensch erst umständlich lernen. Die Fähigkeit des Fernsehens ist ihm angeboren!“ Infolgedessen, so schließt der Vifzack messerscharf, ist „Fernsehen viel natürlicher als Lesen“!

Bei dieser entwaffnenden Logik können Pädagogen wohl nur mehr verzweifeln und Eltern das Handtuch werfen. Oder sich selbst bei der Nase nehmen. Klar ist es um einiges aufwendiger, zeitintensiver, mühsamer und unmoderner, sich schon mit Kleinkindern hinzusetzen und „im Bilderbuch zu blättern“ (wie altmodisch das schon klingt – wie aus Großmutters Zeiten!), später Geschichten zu erzählen und vorzulesen und so das Interesse am eigenen Erforschen dieser Welt – dem Lesen – anzuregen. Heute steigt der Nachwuchs ja direkt vom Schnuller auf die Fernbedienung um und kann innerhalb kürzester Zeit den Eltern erklären, wie man den Videorecorder programmiert und über welche supermodernen Zusatzeffekte dieses Ding verfügt. Besonders fortschrittliche Haushalte haben längst ein eigenes Zweit-TV-Gerät fürs Kinderzimmer. Ein Fernseher ersetzt praktischerweise ein Kindermädchen und – noch praktischer – oft sogar die Eltern. Weil es verführerisch einfach ist – welche andere zwischenmenschliche Beziehung läßt sich schon mit dem Power- und dem Lautstärkeknopf regeln? Eigentlich nur allzu verständlich, daß Kinder das Fernsehprogramm als liebenswerten Partner empfinden, Fernschauen als „von der Natur mitgegebene" Fähigkeit.

Wie aufregend könnte Fernsehen sein, würden wir es öfter als einen „besonderen Gast" betrachten! Wie natürlich wäre es dann vielleicht auch wieder, ein gutes Buch zu lesen. Vorausgesetzt, man hat diese Fähigkeit einmal umständlich erlernt!

Vitamine

Peter schwört auf Vitamine, Betacarotine, Magnesium und Calcium. A für die Augen, B für die Nerven, C fürs Wohlempfinden. Hans-Peter hat sich das komplette Bachblütentropfen-Set samt entsprechender Literatur zugelegt. Damit ist er entspannt und ausgeglichen. Regina hält es schlicht mit Echinacaea, den Tropfen mit der Kraft des Sonnenhutes, zur Stärkung des Immunsystems. So fühlt sie sich stark. Und ich mache ohnehin nichts mehr ohne meine homöopathischen Kügelchen, die ich aufgeteilt in dreißig verschiedene Fläschchen mit mir trage. Für alle Fälle.

Viele Menschen halten solche lebensunterstützenden Maßnahmen für puren Unfug. Sie sind tatsächlich eine Art Glaubensbekenntnis: Glaubt man daran, dann hilft es auch. Und ich glaube. Es sind die Helfer für die kleinen Nöte des Lebens, die ungefährlichen und unbedenklichen Seelentröster. Ihr Boom läßt darauf schließen, daß wohl viele Menschen das Bedürfnis haben, ihrer krankmachenden Umwelt zu entfliehen und Probleme auf diese Art und Weise in den Griff zu bekommen. Denn heute geht es ja nicht mehr darum, gesund und fit zu sein, sondern „Fit for Life", was ja eine beträchtlich größere Anstrengung ist (das gleichnamige Buch haben wir selbstverständlich auch in unserer Bibliothek).

Klar, wir könnten einfach gesünder leben, unsere Ernährung umstellen, länger schlafen, weniger arbeiten und auch sonst einen vernünftigen Lebenswandel führen. Mehr Sport treiben, eine warme Mahlzeit am Tag zu uns nehmen und darauf achten, körperlich und seelisch entspannt durchs Leben zu wandeln. Das haben uns unsere Eltern auch schon gesagt, das ist altmodisch und langweilig und zu ehrlich kompromißlos.

Wie gut, daß es da solche harmlosen Pillen und Tropfen gibt, die uns dabei helfen, allen Herausforderungen und Widrigkeiten des Lebens gewachsen zu sein, alle Hürden mühelos zu nehmen. Sonst müßten wir ja am Ende gar einmal selbst unser Leben überdenken und konsequenterweise vielleicht sogar verändern. Aber: Wer will diese unangenehme Auseinandersetzung schon?!

Verwandlung

Flughafen Frankfurt, 21 Uhr 35. Der Flug nach Wien hat bereits eine Stunde Verspätung, und es wird noch dauern. Frankfurt–Wien, das ist ein ganz spezielles Publikum: Geschäftsleute, die vom Big Business in der Wirtschaftswelt kommen. Im dunklen Nadelstreif, beschlipst, mit Aktenkoffer, wichtigen Unterlagen in Klarsichthüllen und Füllfeder im Lederetui. Manchmal auch Zigarre. Genauso, wie Michael Ende in „Momo" die grauen Herren beschreibt.

Nun hat sich unter diese durch Verspätung ohnehin genervten und müden Passagiere ein etwa dreijähriges Kind gemischt. Und das beginnt zu schreien. Nicht ein bißchen zu weinen, zu raunzen – zu brüllen, als würde ihm ganz Schreckliches geschehen! Zuerst irritierte Blicke aller Anwesenden, die das verzweifelte Kindermädchen wie Blitze treffen. Wir alle wollen hier unsere Ruhe haben, stillschweigend und anonym nach Hause fliegen. Doch dieses Kind, das ähnlich einer Naturkatastrophe über diese Passagiere kam, erregt die Verzweiflung, die schließlich zu Kreativität wird. Leises Lächeln auf manchen Lippen. Die grauen Menschen können lachen! Wer hätte das geahnt?! Und noch mehr: Der ältere Herr mit bisher versteinert grantigem Gesicht entwickelt sich plötzlich zum fröhlichen Opa, der seine besten Grimassen zeigt. Die Kuh macht Muh!, das Pferd, das wiehert, das Schaf blökt, das alles ist im Repertoire dieses Menschen, der Stunden zuvor noch in wichtigen Sitzungen saß. Denn die grauen Herren haben immer wichtige Sitzungen in Frankfurt. Das wild kreischende Kind läßt sich davon zwar sekundenlang beeindrucken, aber kaum hat die Katze ausmiaut, setzt es wieder zu wildem Geplärr an. Geplagt von der Nervensäge legen schließlich auch noch andere ihre kalte, harte, graue Schale ab. Singende, kasperlspielende, hüpfende, tanzende Geschäftsreisende, die die Rückseite wichtiger Papiere plötzlich zum Zeichnen benutzen! Es ist ein anstrengender Flug. Das Kind schreit bis zur Landung in Wien. Unbarmherzig, nervtötend – und trotzdem hat es meine Sympathie: So menschlich sah ich die grauen Herren noch nie!

Pünktlichkeit

Mir passiert es ja fast nie, daß ich unpünktlich bin. Und wenn ich merke, einen Termin nicht einhalten zu können, dann leide ich sehr darunter. Schon im Auto bekomme ich nervös wippend hektische Flecken am Hals, mit hypnotischen Blicken versuche ich die Zeiger der Uhr aufzuhalten, und sogar die Musik, die aus dem Radio kommt, würde ich am liebsten mit doppelter Geschwindigkeit abspielen. Treffe ich dann einige Minuten zu spät am Ziel ein, dann fällt meine Verspätung den „wartenden" Menschen meist gar nicht auf, denn sie sind ja selbst noch nicht da. Und sie sind nie rechtzeitig da, die chronisch Unpünktlichen. Sie wollen gar nicht pünktlich sein. Sie genießen es, „erwartet" zu werden, vielleicht brauchen sie diesen Auftritt auch für ihr Selbstbewußtsein. Schon in der Schule merken sich die Lehrer die Namen derjenigen zuerst, die immer wieder zu spät kommen. Wir anderen versanken in der Anonymität der Pünktlichen. Im Kino, im Theater, in der Oper genießen immer wieder diejenigen besondere Aufmerksamkeit, die erst dann hineintapsen, wenn alle anderen längst still konzentriert ihren Platz hüten. Bei Verabredungen gibt es ja mehrere Phasen der Unpünktlichkeit: fünf bis zehn Minuten, das ist o.k., das kann jedem passieren. 20 bis 30 Minuten Verspätung, er hätte zumindest anrufen können, daß es später wird. 45 bis 60 Minuten – Selbstzweifel, bin ich auch am richtigen Ort, hab' ich vielleicht den Termin verwechselt? Alles über eine Stunde fällt unter „Unverschämtheit" und wird nur in Ausnahmefällen entschuldigt. Alle Erziehungsversuche, den chronisch Unpünktlichen irgendwie begreiflich zu machen, daß ich mich durch ihre ständige Unpünktlichkeit mißachtet und geringgeschätzt fühle, gipfeln ja doch nur in immer absurderen Ausreden. Sie finden immer eine. Denn sie sind Opfer widriger Umstände, haben „alles Menschenmögliche" versucht, um „in time" zu erscheinen, haben heldenhaft wie Don Quichote gegen die Windmühlen gegen die Zeiger der Uhr angekämpft.

Eigentlich müßte man ja Mitleid mit ihnen haben. Aber soweit bringen sie mich nicht. Während sie sich durch ein klassisches Zitat „Die letzten werden die Ersten sein" auch noch bestätigt fühlen, halte ich es mehr mit einem selbstbewußten „Wer zu spät kommt, den bestraft das Leben". Wir werden ja sehen, wer recht behält. Ich werde pünktlich da sein – und warten.

•

Die Alten

Skispringen in Garmisch Partenkirchen. Ein verhindertes Sportreporterherz schlägt in meiner Brust, und darum gehören traditionsreiche Sportereignisse zu meinem fixen Programm. Gewonnen hat – so wußte es der junge Reporter im Radio – der „alte Mann im österreichischen Team“, Andi Felder. 29 Jahre ist der jung. Da mußte ich mit meinen greisen 30 Jahren schon schlucken. Wie sind sie mir ans Herz gewachsen, die „alten Männer“, die Sportstars „meiner“ Jugend! Franz Klammer, Hans Hinterseer, Toni Innauer, Ingemar Stenmark! Wie mochte ich sie alle, die noch ordentlich um alle Slalomstangen herumgefahren sind und nicht so husch husch, noch ein Helm, noch ein Knieschutz, gepanzert den Hang herunterzaubern. Mit ihnen habe ich mitgefiebert, gezittert und selbstklebende Bilder fürs Fanalbum gekauft.

Wie gerne erinnere ich mich noch an die Zeiten einer Chris Evert, eines Ilie Nastase oder Björn Borg! Wie mochte ich ihn, den prinzenhaften Schweden mit wallendem blondgelocktem Haar, der bescheiden lächelnd seine silbernen Schüsseln in Wimbledon aus den Händen der Herzogin von Kent entgegennahm! Einmal versuchte er es wieder – uralt, mit 35 (!!), stand er stöhnenden Kindern am Centercourt gegenüber – und die

Presse wußte es sofort: Der spielt ja Tennis wie im letzten Jahrhundert! So schnell geht das. Gestern blutjung, heute jung, morgen steinalt. Wie gerne sah ich Hans Krankl Fußball spielen, Herbert Prohaska, Friedl Koncilia oder Bruno Pezzey und nicht die neuartigen Jünglinge, die nach jedem Eigentor verletzt auf dem Boden liegen und auf den Masseur warten. Die noch eine ordentliche Fußballdress anhatten und nicht die schwarzen Radlerhosen, um neuerdings die Oberschenkelmuskulatur zu wärmen. Borg hat verloren, so wie auch Mark Spitz, der sich wieder ins Schwimmbecken wagte. Und es war trotzdem schön, daß im Tennis plötzlich wieder mit einem alten Holzschläger gespielt, daß richtig geschwommen wurde.

Ich bin mir nicht ganz sicher: Damals war das alles noch anders. War es das wirklich? Oder ist es die Erinnerung, die verklärt? Oder, noch schlimmer – bin ich selbst älter geworden?

Autotelefon

Telefonieren an sich ist eine von mir höchst ungeliebte Tätigkeit. Aber da man seinen Neigungen und Vorlieben, wie so oft im Leben, nicht unbeschränkt freien Lauf lassen kann (ich würde sonst tatsächlich statt jedem Telefonat einen Brief schreiben), habe ich mich natürlich daran gewöhnt. Und hin und wieder ist es ja auch wirklich ganz nützlich. Eine Steigerung des Telefonierens, und damit auch eine Steigerung meines persönlichen Unbeliebtheitsgrades, stellen für mich Autotelefone dar. Wirklich wichtige Menschen haben heute ein Autotelefon. Aber zum Glück nur die. Wenn es, nach dem Abheben des Telefonhörers, in der Leitung sekundenlang knackst, rauscht und zischt, die Leitung zusammenbricht und es noch einmal bei mir läutet, weiß ich heute schon längst: Einer meiner wirklich wichtigen Freunde fährt gerade im Auto, und es ist ihm langweilig (autotelefonierende Frauen kenne ich übrigens kaum). Nach etwa zehn Sekunden sphärischen Rauschens: „Hallo, hörst du mich?“ – Eigentlich nicht. – „Wart, ich komm' jetzt unter eine Brücke, da bin ich kurz weg!“ – Stille. Dann wieder Rauschen. Nun setze ich zum verzweifelten Gegenschlag an: „Was gibt's denn eigentlich?“ – Denn wenn schon, dann akzeptiere ich Autotelefone zur Überlieferung von dringenden Informationen. „Sei nicht so, red' mit mir", am anderen Ende der Leitung. Ich seh' sie vor mir, die Autotelefonierer – die, die bei jeder roten Ampel demonstrativ zum Hörer greifen, jede Kurve mit traumwandlerischer Sicherheit einhändig nehmen, jedes Überholmanöver lässig telefonisch kommentieren. Was wäre bloß, wenn SIE nicht immer erreichbar wären? Die Steigerung ist ja längst entwickelt und unter den wichtigen Menschen sehr beliebt: das Handy, D-Netz-Mobiltelefon, so klein und handlich, daß es in jede Jackentasche paßt.

Sagenhaft, wo immer sie sind, im Supermarkt, zu Hause im Garten, in Besprechungen oder bei intimen Rendezvous – ein zärtliches Läuten aus der Jackentasche verrät, wie wichtig sie wirklich sind. Rationell und gutorganisiert, nutzen sie die Zeit, die solche unkommunikative Menschen wie ich als angenehme Ruhepause empfinden, mit nützlichen Telefonaten. Nur sie können nichts versäumen im Leben, denn sie sind ja immer erreichbar.

Mann, o Mann!

Ich kann es einfach nicht lassen, mich von Zeit zu Zeit mit bemerkenswerten Werbekampagnen auseinanderzusetzen. Entweder, weil ich sie so gelungen finde, oder genau das Gegenteil. Oder weil ich mich – wie diesmal – frage, welchem kranken Hirn dieser Text für einen Radiospot einfallen kann: „Sie haben schon zehn Jahre dieselbe Freundin. Zehn Jahre dieselbe Wohnung. Also könnten Sie sich zumindest eine neue Hifi-Anlage gönnen!“ Dann schmeichelt sich leicht erotische sanfte Musik in das Ohr des Zuhörers, und der Sprecher mit der sonoren Stimme verkündet noch den Markennamen dieser vielversprechenden Stereoanlage.

Sie sind ja wirklich zu bedauern, die Männer, die zehn Jahre lang (!!) mit ein und derselben Frau verbringen, und das noch dazu in ein und derselben Wohnung! Die müssen sich ja endlich etwas Gutes tun, bevor sie in Langeweile und Alltagsroutine ertrinken! Eine japanische Weisheit des fernöstlichen Konzerns? Hätten solche Macho-Sprüche nicht nach wie vor nachhaltige gesellschaftliche Auswirkungen (zehn Jahre mit einer Frau zu verbringen, das wird auf sein Biedermannkonto gebucht, echte Kerle tun so etwas nicht!), würden sie mich ja nur amüsieren. Am Wirtshaustisch haben sie ja ihren Platz, nicht aber in der Öffentlichkeit!

So bleibt das bittere Gefühl, daß Leute in verantwortungsvollen Positionen (und dazu zählen Werbetexter als Meinungsmacher heute nun einmal!) ein böses Spiel treiben. Der Mann wird schon wissen, was er da tut. Vermutlich sind gelangweilte, leicht frustrierte männliche Kunden genau das Zielpublikum für diese Hifi-Anlage, die mit entsprechender Watt-Anzahl wieder Power und Aufregung in ihr Leben bringt!

Wäre ich die Freundin des Mannes, der für diesen Text verantwortlich zeichnet, würde ich ihn zu Hause ja so empfangen: „Weißt du, Liebling, jetzt hab' ich schon zehn Jahre dieselbe Wohnung. Zehn Jahre dieselbe Hifi-Anlage. Eigentlich könnte ich mir zumindest einen neuen Freund gönnen ...!“

Positiv denken

Immer wieder treffe ich Menschen, denen es – ganz egal, ob man sie frühmorgens oder spätnachts danach fragt – schlecht geht. Manchmal zähle ich wohl selbst dazu. So richtig schön in seinem persönlichen Leid zu schwelgen und anderen die Ohren vollzujammern, das kann zum ungewollten Hobby werden. Mit traurigen Augen, hängenden Ohren und nach unten gezogenen Mundwinkeln wandern wir dann betrübt durchs Leben. Ach wie schön schrecklich alles gegen uns ist! Und irgendein Unglück findet sich schließlich immer! Jeder Mensch hat doch entweder Liebeskummer, Ärger mit dem Chef, Streß im Alltagsmanagement, zumindest ein bißchen Kopfweh, oder der Himmel fällt ihm einfach so auf den Kopf. Und mein Herzeleid ist natürlich einzigartig schmerzvoll, mein Chef einzigartig mühsam, mein Alltag einzigartig chaotisch und mein Kopfweh einzigartig grausam. Wenn man sich dann noch ganz fest auf sein Problem (egal wie klein oder groß es nun einmal ist) konzentriert, dann gehört man im Nu zu den bemitleidenswertesten Geschöpfen auf dieser Erde. Und genau das sind wir nicht. Dabei muß man weiß Gott nicht erst die Zeitungen lesen oder Nachrichten von Katastrophen und Elend sehen – man muß sich nicht am Leid anderer messen, um zu erkennen, wie gut es uns geht. Es reicht schon aus – ohne Probleme und Sorgen deshalb ungelöst liegen zu lassen –, sich an den schönen Seiten des Lebens zu erfreuen und zu orientieren. Ich kann morgens aufwachen, in den Spiegel schauen und betrübt zusammenbrechen. Ich kann aber auch aufwachen, in den Spiegel schauen und glücklich vor Freude strahlen. Ich kann es mir aussuchen, ich habe die Wahl! Und so geht es, im Prinzip, den ganzen Tag lang: Mein Chef ist ja auch nur ein Mensch, den Alltag bekomme ich mit guter Laune noch einmal so gut in den Griff, alles in allem bin ich relativ gesund und kenne viele großartige Menschen, die zu mir halten! Und wem der Himmel auf den Kopf fällt, der soll sich einen großen Strohhut kaufen. Damit die Sonne wieder scheint. Irgendein Glück findet sich immer!

Mißwahlen

Plötzlich hat für uns nichts mehr zusammengepaßt. Im ehemaligen Jugoslawien ist doch Krieg, die Menschen leiden, hungern und krepieren. Das wissen wir doch aus verläßlicher Quelle – seit Jahren lesen, hören und sehen wir nahezu täglich Bilder und Nachrichten vom grausamen Kriegsalltag: Schwerverletzte Kinder, blutende Männer, weinende Frauen – das ist doch die Realität, an die wir uns scheinbar gewöhnt haben!

Und dann finden dort Mißwahlen statt. Unter zehn jugendlichen Schönheiten – attraktive Mädchen zwischen 15 und 20 Jahren, mit perfekten Figuren, langen Beinen, gestylten Frisuren und mit großen, naiven Augen, als hätten sie noch nie vor die eigene Tür hinaus geschaut – wird die „Miß belagertes Sarajewo" gekürt. Das kann nicht sein – die Seele der Helfer kocht: Denen schicken wir Spendengelder, Medikamente, Kleidung, Lebensmittel – und dann veranstalten sie Schönheitskonkurrenzen!

Die Mißwahlen in Sarajewo waren für viele ein zynischer Aufschrei. Sie waren aber auch der verzweifelte Versuch, ein bißchen Normalität in ein von Bomben und Haß zerfetztes Leben zu bringen, mit außergewöhnlichen Mitteln eine breite Öffentlichkeit zu erreichen. Denn die Kriegsbilder will ja keiner mehr sehen.

Dort, wo Krieg und Terror, Tränen und Blut den Alltag bestimmen, enthüllen die Schönen im Badeanzug auf dem Laufsteg ein Transparent: „Don't let them kill us!" Laßt sie uns nicht töten. Die scheinbare Naivität der Mädchen war bei der Ehrung wie blitzartig verschwunden und dem Gesichtsausdruck gewichen, den man nur nach prägenden, bösartigen Lebenserfahrungen in so jungen Jahren haben kann. Im Siegerinterview antwortete die frischgekürte „Miß belagertes Sarajewo", eine 16jährige Serbin, von internationalen Reportern angesprochen auf eine bevorstehende Modellkarriere und gefragt nach ihren weiteren Plänen: „Ich möchte auch den morgigen Tag noch überleben."

Und wir alle, die die häßlichsten Gesichter des Krieges zulassen, haben kein Recht, uns über die schönen Gesichter zu empören!

Aids

Verdrängt haben wir's ja schon immer. Vergessen erst in letzter Zeit. Das Aids-Virus. Wir wissen alle Bescheid, wir zählen auch zu denen, die ganz offen und modern über Sexualität sprechen und Kondome propagieren. Im Allgemeinen, Globalen jedenfalls – denn sobald es unter die eigene Bettdecke geht, wird es schon viel schwerer. Vor ein paar Tagen lese ich die Zeitungsschlagzeile „Aids-Infektionen nehmen weiter zu". Da ist es plötzlich wieder. Dabei wollten wir's doch wegschieben und zudecken, intellektuell bewältigen vielleicht, analysieren und diskutieren, aber dann doch einfach ablegen unter „nicht erledigt". Doch das Virus ist hartnäckig. In Österreich gibt es offiziell 6000 bis 8000 Virusträger – Männer, Frauen, Kinder. Infiziert durch Weitergabe von gebrauchten Spritzen, ungeschützten Geschlechtsverkehr, Blutkonserven. Aber Aids ist ja zum Glück eine Krankheit, die nur „die anderen" trifft. So wie nur Flugzeuge abstürzen, in denen „die anderen" sitzen. Seit jeher sind auch nur die Schiffe gesunken, auf denen sich „die anderen" amüsiert haben. Bombenattentate haben „die anderen" getroffen, ebenso wie tragische Naturkatastrophen. Und plötzlich rückt die Gefahr dann näher. Wenn's jemanden trifft, den man kennt. Erst als die Zeitungsschlagzeile mir vis à vis sitzt, habe ich angefangen, zu begreifen. Am Anfang verunsichert (kann ich ihm die Hand geben, aus seinem Glas trinken? Ein vorsichtiger Kuß auf die Wange, denn so haben wir uns immer begrüßt), dann interessiert (wie geht's dir jetzt?), und schließlich sehr beeindruckt. Er hat sich arrangiert, sagt er. Nach dem ersten Schock, der Wut und Rachegefühlen auf der Suche nach den „Schuldigen". Jetzt macht er all das, wofür er früher niemals Zeit gehabt hätte. Big Business, mit fatalen Folgen nach einer romantischen Nacht im Hotel. Jetzt nimmt er Klavierstunden und Tanzunterricht. Schreibt Lieder und bereist andere Länder. Will leben bis zum Umfallen. Lacht mit den Augen und macht mir Mut (!!). Ich erinnere mich noch einmal an die Zeitungsschlagzeile – „Aids-Infektionen nehmen weiter zu" – und an das Ende eines Eugen-Roth-Gedichtes: „... auch du bist, das bedenke heiter, ein andrer andrer und nichts weiter" ...

Bitte warten

Kein Mensch wartet gerne. Aber darauf kommt es nicht an. Warten ist das Opfer unserer Kultur – wo immer mehr Menschen zur gleichen Zeit am gleichen Ort sein wollen, wird gewartet. Wir warten im Stau, im Wartezimmer beim Arzt, auf den Termin beim Chef. Wir warten auf Freunde, mit denen wir im italienischen Restaurant verabredet sind. Wir warten in der Schlange vor der Kassa im Supermarkt, vor dem Schalter in der Bank, bei der Post, auf jedem Amt, vor der Kinokassa und aufs Taxi.

Das heißt: Richtig warten können wir eigentlich gar nicht. Wir lesen Zeitung, blättern im Kalender, stricken Pullover, telefonieren am neuerstandenen D-Netz-Telefon (um den anderen Wartenden zu zeigen, daß wir es sogar verstehen, die sinnlose Wartezeit sinnvoll zu nutzen!!), bohren in der Nase und ärgern uns ganz furchtbar, daß wir ausgerechnet jetzt warten müssen. Als hätten wir sonst nichts zu tun! Ungeduldiges Fingertrommeln, schmale Lippen, gehetzte Blicke, nervöses Auf-die-Uhr-Schauen.

Gerade jetzt – wo wir doch überhaupt keine Zeit haben! Wir werden Zeit haben, Wartezeit. Einfach losgelöst und entspannt dasitzen, warten um des Wartens willen und sich gut fühlen dabei, das ist nicht unsere

Sache. Nicht nachdenken, welchen Termin wir wie verschieben müssen, nicht grübeln, wer jetzt wo auf uns warten muß – einfach in uns hineinhorchen und zur Ruhe kommen – vielleicht wurde dafür die Wartezeit einst erfunden!

Da plötzlich, wenn wir warten müssen, wähnen wir uns offenbar betrogen um unsere Lebenszeit. Besonders trickreich und phantasievoll versuchen wir dann mit allen Mitteln (War ich nicht schon vor Ihnen da?) diesen Betrug aufzudecken und die vor uns Wartenden zu überholen. Was nur selten glückt. Wartezeit ist schließlich die Zeit, die unveränderlich am langsamsten verrinnt. Gerade aber, weil souveränes Warten so schwierig zu sein scheint, basieren so viele unserer inneren Werte auf dieser unerfreulichen Beschäftigung: Bescheidenheit, Geduld, Keuschheit, Hoffnung – wie viele Tugenden sind entstanden, weil Menschen warteten?! Wer selbst dann Mensch bleibt, wenn er warten muß, ist ein guter Mensch.

Lob

Wenn es darum geht, Kritik einzustecken, reagiere ich (meistens), wie es sich für einen erwachsenen Menschen gehört: Ich gehe in mich, erwäge die Gründe, suche meine Fehler, und selbst im übelsten Vorwurf gelingt es mir doch noch, ein Körnchen Wahrheit zu finden. Kritik ist schließlich konstruktiv, und niemand ist perfekt. Schon nächstes Mal werde ich sie beherzigen.

Mit Lob und Ehrungen dagegen hab' ich so meine Probleme, die selbigen selbstbewußt anzunehmen, fällt mir schwer, mehr noch – es ist mir geradezu peinlich. Ich hab' mir die Finger wundgestrickt für einen Traumpullover, ein wirklich schwieriges Strickmuster in verschiedenen Farben. Bewundernde Worte für das Kunstwerk entkräfte ich spontan mit einem: „Aber die Schulter sitzt schief!" Ich habe mit großen Anstrengungen ein kulinarisches Traumwerk geschaffen (was selten genug vorkommt), die Beifallskundgebungen meiner Gäste: „Hmm, aah!" bleiben von mir ungehört. Schließlich ist es nicht ganz so, wie im Kochbuch angegeben, und in den Gewürzen hab' ich mich auch vergriffen. Es war eine wirklich gelungene Sendung – Lob von Kollegen entwerte ich gekonnt mit einem bescheidenen: „Das hättest du ja genauso gekonnt ..." Wie lange habe ich gebraucht, um Applaus des Publikums anzunehmen und mich nicht verschämt davonzuschleichen! „Du warst wirklich großartig“ – damit kann doch nie und nimmer ich gemeint sein?! In solchen Situationen würde ich mich manchmal am liebsten in Luft auflösen – frei nach dem Motto: „Wenn sonst keiner an mir herumnörgelt, muß ich es eben selber tun!“ Damit soll jetzt Schluß sein. Ich habe vor, zukünftiges Lob mit Haltung und Würde anzunehmen, mehr noch: mich offen und ehrlich darüber zu freuen! Das bedarf einiger Arbeit, aber auch das krieg' ich noch hin. So wie Shirley Mc Laine bei einer Oscar-Verleihung. Sie betrat die Bühne, bekam die begehrte Statue überreicht und schritt erhobenen Hauptes zum Pult. Sie bedankte sich nicht – wie alle anderen – bei Familie, Freunden und Produzenten für deren Hilfe auf der steilen Erfolgsleiter, nein, sie verblüffte alle Anwesenden mit einem selbstbewußten: „Den hab' ich mir wirklich verdient!“ Ihr habt völlig recht, wenn ihr mich lobt. Denn ich bin wirklich toll. Jawohl!

Nachprüfung

Schon zum zweiten Mal innerhalb weniger Monate wurde in Österreich von einem Schüler berichtet, der die negative Beurteilung seines Lehrers beeinspruchte. Das „Nicht genügend“ für eine entscheidende Arbeit in Mathematik bei der Nachprüfung im Herbst wollte er nicht akzeptieren. Schließlich hatte er sich intensiv vorbereitet, Nachhilfestunden genommen, sich mit der Materie ernsthaft auseinandergesetzt, Integral- und Differentialrechnung, Restklassen und gemeine Zylinder, die um irgendeine Achse kreisen, bestimmten seine verpatzten Sommerferien. Diese Benotung erschien ihm ungerecht, und nach alldem, was er in den vergangenen zwei Monaten schon auf sich genommen hatte, wollte er sich damit nicht so einfach abfinden. Es bedarf wahrlich guter Nerven und einer Menge Zivilcourage, in dieser Situation auf seinem Recht zu beharren, den Kampf gegen die Übermacht der Bürokratie und die Autorität des Lehrers durchzufechten. Stellen Sie sich diese Situation einmal vor: Da geht ein verzweifelter Schüler nach Verkündigung seiner negativen Note zum Lehrer und sagt tatsächlich: „Nein, damit bin ich nicht einverstanden – ich weiß, daß ich besser war, und ich will von Ihnen ganz genau wissen, wie Sie zu dieser Benotung kommen!“ Der Lehrer greift sich an den Kopf, unverschämt, respektlos, da könnte ja jeder kommen – na, der wird noch schön schauen! Die Sache zog auch wirklich Kreise, ging bis zum Unterrichtsministerium, andere Lehrer, Fachleute und sogar ein Anwalt wurden beigezogen. Das Endergebnis nach langem Hin und Her, Berechnen und Belehren: Befriedigend, für den Schüler und seine Schularbeit gleichermaßen. Immerhin hat er sich mit seiner Kampfeslust ein Schuljahr erspart, das er sonst hätte wiederholen müssen! Nicht auszudenken, welche Perspektiven sich damit auftun: Entnervte Eltern, die statt wie bisher in teure Nachhilfestunden nun gleich in Anwälte investieren. Staranwälte, die ihrerseits Algebra, Mengenlehre, Formeln, Vokabeln und Grammatik büffeln, um ihre Mandanten auch gewissenhaft vertreten zu können (welcher Anwalt beherrscht wohl heute noch den Schulstoff?)! Die Schule der Zukunft?! Hauptsache, der Anwalt hat eine gute Ausbildung!

Nicht wegschau'n

Eine kleine Notiz in einer Tageszeitung: In Tokio wurde zur Hauptverkehrszeit ein Mann in einer U-Bahn gefunden, der einem Herzversagen erlegen war. Unbeachtet von allen Mitfahrern, und die U-Bahn war zu dieser Tageszeit bis auf den letzten Stehplatz voll. Als er zum vierten Mal still, schweigend, mit geschlossenen Augen von Endstation zu Endstation fuhr, konnte nur mehr der Tod festgestellt werden.

Ganz egal, ob diese Geschichte wirklich so stattgefunden hat – sie ist wahr, sie passiert täglich und überall. Mit schlechtem Gewissen hab' ich mich nach der Lektüre dieser Notiz im Flugzeug (in dem ich gerade saß) umgesehen, ob es auch allen Passagieren gut geht. Nein, ich würde es wahrscheinlich auch nicht merken, wenn einem etwas fehlt. Ich würde nicht einmal schauen. Dafür sind ja die Stewardessen da. Und es ist immer jemand anders da, dem „es hätte doch auffallen müssen!" Ob Neonazis im Wald ihre Schießübungen veranstalten, Kranke vor Schmerzen zusammenbrechen, Kinder in Schuhkartons ausgesetzt werden, alte, einsame Menschen unbeachtet in ihrer Wohnung sterben. Uns fällt es nicht auf. Als gehörten Scheuklappen zur menschlichen Grundausstattung, laufen wir wie auf Schienen durch die Welt. Nur nicht rechts und links vom durchorganisierten Erfolgsweg schauen, sich nur ja nicht in fremde Angelegenheiten einmischen – das haben wir als Kind schon gelernt. Das bringt nur unnötige Schwierigkeiten. Wenn aber jemand Hilfe braucht? Ich möchte es bereits an seiner Stimme hören, wenn es einem Arbeitskollegen schlecht geht, weil er in großen finanziellen Nöten steckt. Ich will es am Glanz der Augen sehen, wie sich meine Freunde fühlen. Ob sie frischverliebt auf Wolke Nr. 7 schweben oder gerade Streit haben. Ich will mich einmischen, wenn im Wirtshaus am Nebentisch Judenwitze erzählt oder Ausländer gemein behandelt werden. Ich will wieder spüren, wenn jemandem eigentlich zum Heulen ist, auch wenn er gefaßt lächelt. Damit die anderen es nicht merken. Ich möchte es bewußt begreifen, wenn Menschen neben mir leben – oder sterben. Auch auf die Gefahr hin, dann handeln zu müssen.

Gratis

So wie für viele andere Menschen üben sogenannte „Gratisangebote“ eine besondere Faszination auf mich aus. Nicht, daß ich es mir nicht leisten könnte, aber wenn es umsonst ist, greift man halt noch einmal so gerne zu. Das beginnt bei ungebrauchten Zucker-Säckchen im Kaffeehaus, geht weiter bei unverzehrten Marmeladedöschen oder 2-cl-Weinfläschchen aus dem Flugzeug, endet nicht nur bei Shampoos, Seifen und Duschhauben, Zündhölzern, Nähzeug und Erfrischungstüchern aus diversen Hotels. Alles, was „gratis“ ist, wird eingepackt. Ist es einfach ein liebenswert menschlicher Instinkt, ein persönlicher Tick, oder beginnen hier schon die zweifelhaften Auswüchse unserer modernen, zivilisierten Welt? Die alltägliche Kosten-Nutzen-Rechnung, der sinnlose Sparwahn, oder ist es eine spezielle Form einer Sportart? Trauben von Menschen, die vor Kaufhäusern um Gratisangebote gieren, mit allen Mitteln um ihr Exemplar kämpfen. Da darf man nicht kleinlich sein, da muß man zur Not auch schon einmal handgreiflich werden. Hauptsache gratis. Auch ich verfüge nach vielen Reisen mittlerweile über ein beträchtliches Lager an Dingen, die ich zwar nie brauchen werde, die dafür aber nichts gekostet haben. Meine neueste Errungenschaft: Verschiedene Flugunternehmen führen derzeit „Vielflieg-Aktionen" durch. Und das geht so: Wer genügend Flüge nachweisen kann, bekommt ein Gratisticket. Kaum gelesen, schon bin ich gierig dabei! Alle Formalitäten sind im Nu erledigt, Anmeldeformular, Beitrittserklärung, Mitgliedsausweis. Insgeheim berechne ich bereits am Solar-Taschenrechner, wieviel Flüge ich brauche, um das erste Bonusticket zu bekommen. Wien-Frankfurt-Wien wird mir jede Woche auf mein Konto gutgeschrieben, so bin ich vorne mit dabei!! Ende des Jahres habe ich dann alle geforderten Flugmeilen! Ich sehe es bereits vor mir: Da sitze ich dann mit meinem Gratisticket und der kostenlosen Gelegenheit, zwischen allen nur möglichen Destinationen in Europa zu wählen – ich, gratis, in Paris, London, Rom oder Madrid! Zufrieden und glücklich werde ich sein, weil es gratis war, und gleichzeitig werde ich mich über mich selbst ärgern. Schließlich weiß ich doch jetzt schon, was ich wirklich will: Endlich einmal zu Hause bleiben – bloß nicht wegfliegen müssen! Koste es, was es wolle.

Horoskope

Ich zähle zu der Art von Menschen, die gewissenhaft erstellten Horoskopen auch tatsächlich Vertrauen schenken. In meinen tiefsten Durchhängern weiß ich heute, daß sich Saturn, Uranus und Pluto ausgerechnet über meinem Aszendenten gegen mich verbündet haben. Wenn mein Mars wieder einmal im Quadrat springt, dann beherzige ich seinen Hinweis „Gib acht!". Und wenn sich meine Venus von ihrer schwächsten Seite zeigt, weiß ich „Gib auf!" Jupiter auf allen Wegen macht übermütig, und auch sonst bin ich auf du und du mit meinen Sternen. Meine astrologische Jahresvorschau, basierend auf meinem Geburtstagshoroskop, nenne ich liebevoll „Gebrauchsanleitung", und sie wird so verstaut, daß sie selbst in Notsituationen aller Art griffbereit ist. Irgendwie finde ich es beruhigend, daran zu glauben, daß die Sterne ein ständiges Auge auf mich werfen – auch wenn das nichts einfacher macht, denn die letzte Entscheidung, die endgültige Wahl in allen Lebenslagen, hab' ja dann doch ich. Mein astrologisches Glaubensbekenntnis geht in Extremfällen sogar so weit, daß ich mein Horoskop in den Tageszeitungen lese. Nun, Frau Helga mag Widder nicht besonders, aber ich nehme es nicht persönlich. Mit schnellem Handeln und unverzüglichem Tatendrang muß ich den Weg aus meiner desolaten Lage suchen. Auch wenn mir gleichzeitig der „Kurier" rät, mich endlich einmal auf dem Erreichten auszuruhen, mir dringend eine Pause zu gönnen, nichts zu tun und abzuwarten. Heute jedenfalls, denn morgen sieht die Welt schon ganz anders aus! Täglich verändert sich da meine private Situation, meine finanzielle Lage und meine berufliche Karriere. Blitzartig gerate ich von den tiefsten Tiefs in die überschwenglichsten Hoch-Zeiten. Würde man sein Leben nach den Tageshoroskopen ausrichten, würde einem niemals langweilig: Diese Vielfalt, diese schnellen Stimmungswechsel bietet nur das Kleingedruckte unter den verspielten Zeichnungen, die die Sternzeichen darstellen. Irgendwie glaube ich sogar schon daran, daß man es als Mensch erst dann zur ultimativen Reife gebracht hat, daß man an der Erfüllung aller persönlichen Wünsche und Hoffnungen angelangt ist, wenn selbst die Horoskope in Tageszeitungen zutreffen. Und zwar alle, täglich.

•

Düstere Aussichten

Da sitzen wir hier herunten auf dieser Erde, und trösten uns damit, daß heute alles „anders“ ist als früher. Die Sonne scheint stärker, der Regen regnet saurer, der Wind bläst unkontrollierbarer. Dabei sagen es uns die, die draußen sind und auf uns herabblicken, ohnehin eindeutig: Es ist anders! Bezeichnenderweise konnte die Besatzung der amerikanischen Raumfähre „Atlantis“ die Erde vom Weltall aus nur mehr verschwommen sehen. Der klare Blick, den es früher einmal gab, ist getrübt. Ein dicker Schleier umgibt die Erde. Brennende Ölfelder in Kuwait, Vulkanausbrüche auf den Phillippinen und die zunehmende weltweite Umweltverschmutzung sollen schuld daran sein. Durch diese Dunstschicht wird die Luftzirkulation beeinträchtigt, ein anschließender Temperatursturz kann Ursache für Naturkatastrophen aller Art sein, schlagen die Forscher Alarm. Bis zu einer Milliarde Menschen könnte daran in diesem Jahrtausend sterben, meldet sich gar ein deutscher Wissenschaftler mit seiner düsteren Prognose zu Wort!

Und wir hoffnungslosen Optimisten drehen es ja doch wieder so, wie wir es sehen wollen: Stellen uns den Globus in behaglich weiche Watte gepackt vor, lehnen uns zurück und betrachten die Katastrophen via TV. So schlimm kann es doch nicht sein, das Ozonloch wird schon gestopft, und wenn nicht, haben wir Sonnenschutzmittel mit Lichtschutzfaktor 30 – wir Menschen wissen uns schon zu helfen! Die Bilder von Überschwemmungen, Orkanen, die erbarmungslos übers Land ziehen und Häuser wie Streichholzschachteln umstoßen, die waren schon schrecklich. Aber zwei Tage später ist alles wieder vergessen. Denn wenn das Hochwasser einmal zurückgegangen ist, sind die Füße ja nicht mehr naß.

Verzweifelt und fast resignierend klingen da die schlichten Worte des Kommandanten der „Atlantis“: „Dieser Planet ist einfach wunderschön, wir müssen gut auf ihn aufpassen!“ Seine Worte uns allen ins Stammbuch geschrieben.

Kopfschmerzen

Es kann durchaus sein, daß die Leute, die ich zu meinem Bekanntenkreis zähle, ein ganz eigener Menschenschlag sind. Sie sind alle krank. Also nicht so richtig, tragisch, aber in gewisser Weise eben. Bei jedem Gespräch ist man dann auch spätestens nach zehn Minuten bei Thema Nr. 1 angelangt: Den „neuen" Krankheiten, die schon längst nicht mehr durch Tabletten, Salben, Tropfen, Tinkturen oder andere ärztliche Weisheit im ursprünglichen Sinn geheilt werden können. Ein Drücken im Bauch, ein Brennen im Magen, ein Ziehen im Rücken, Verklemmungen und Verspannungen in der Wirbelsäule oder, was mich schon die längste Zeit plagt: ein Stechen im Kopf. Alle jene Beschwerden eben, die unter den vielsagenden Begriff „Zivilisationskrankheiten" fallen und somit zum Repertoire jedes halbwegs zivilisierten Menschen gehören. Adressen der neuesten ärztlichen Errungenschaften, Rezepte und Tinkturen, esoterische Wegweiser werden heute mit der gleichen Begeisterung ausgetauscht wie früher einmal Poster und Autogramme der jeweils aktuellen Stars. Daß die Schulmedizin an Grenzen gestoßen ist, davon bin ich ja schon längst überzeugt. Wer heute glaubt, krank zu sein, der läßt nichts unversucht und ist daher über alle neuen Heilungsmethoden bestens informiert: Akupunktur nach alter chinesischer Weisheit, Kügelchen nach neuestem homöopathischen Wissen, Körperselbstheilungsmethoden nach jüngsten esoterischen Erkenntnissen, Bachblütentropfen, Fußreflexzonenmassage, Algenpräparate, Kneten eines Kindheitstraumas in der Nabelgegend – all das gehört heute zum Freizeit-Repertoire eines jungen, dynamischen, durchschnittlich kranken Menschen. Auch ich hab' immer fest daran geglaubt, daß die jeweils neue Behandlung die einzig wahre und erfolgversprechende ist. Mitnichten. Sollten Sie also einen Arzt oder befreundeten Hobby-Experten kennen, der die ultimative Methode gegen meine Kopfschmerzen hat – lassen Sie es mich NICHT wissen, denn ich halte es zur Zeit mit einem medizinischen Rat aus Omas Schublade: Mit Arzt dauert die Heilung eine Woche, ohne Arzt sieben Tage!!

Hippo

Kinder mit aufgeblähten Wasserbäuchen, Haut und Knochen, große, dunkle, fragende Augen. Weinende, schreiende Mütter neben kleinen Körpern, die keine Chance zum Überleben hatten. Krankheit und Hunger, Dürre und Krieg. Wir kennen solche Bilder aus Afrika – sie verursachen jedesmal aufs neue Entsetzen und Ohnmacht und sind doch schon so vertraut wie eben alle Katastrophen. Das Leid, das via Fernsehen ins Wohnzimmer kommt, wir haben uns daran gewöhnt, sind aber trotzdem nicht immun dagegen. Brauchen wir wirklich noch härtere Bilder, noch grausamere Berichte, um wieder zu begreifen, daß wir auch dafür zuständig sind? Kennen Tod und Elend Steigerungsformen, reicht es nicht aus, zu wissen, was dort passiert? Es reicht nicht, und deshalb dürfen wir niemals aufhören, bei solchen Bildern auch hinzuschauen.

Es war nur eine kurze Szene in einem Fernsehbericht über eben diese Not in Afrika und doch ein neuer, ganz anderer optischer Eindruck, der für mich das große Elend am Schwarzen Kontinent besonders verdeutlicht hat: Noch nie zuvor hab' ich Nilpferde gesehen, die abgemagert bis auf die Knochen nach Wasser – nach Leben – suchen. Hippos, die wir doch sonst nur dick und fett, tonnenschwer, faul und gemütlich im Wasser liegend kennen, scheinbar unbeeindruckt von alldem, was um sie herum passiert. Die sich nehmen, was sie zum Leben brauchen. Die sich vorbildlich um ihre Jungen kümmern. Symbole der Fruchtbarkeit sind sie, unverwüstlich, widerstandsstark. Wer soll durchhalten, wenn nicht sie? Nein, ich zähle nicht zu der Sorte Menschen, für die das Leid der Tiere schwerer wiegt als das der Menschen. Der große Kontrast war es, dieser riesige Widerspruch, der mich nachdenklich stimmte. Weil nicht sein kann, was nicht sein darf. Nilpferde, dünn und zerbrechlich, zu schwach, um ihr Maul noch aufzureißen, zu schwach, um nach lebensnotwendigem Wasser zu suchen, daß sie hier ohnehin nicht hätten finden können – Nilpferde, die schließlich an Erschöpfung und Sonnenbrand (!) starben. Welche Chance haben da die Schwachen, die Menschenkinder, wenn bereits die Allerstärksten den Kampf ums Überleben verlieren?

Grantig

Amerikanische Psychologen (das sind die, die jeden Augenblick irgendeine Skurrilität mit einer wissenschaftlichen Studie belegen und damit zum Trend erklären) haben nun herausgefunden, was wir Wiener schon längst wissen: Grantig sein ist ein Normalzustand! Nur zwei Prozent der Menschen gehen nach ihren Angaben mit einem Lächeln durchs Leben (Japan kann in dieser Statistik nicht berücksichtigt sein, vermute ich einmal), die große Mehrheit leidet an drei von zehn Tagen unter schlechter Laune. Eine niederschmetternde wissenschaftliche Erkenntnis? – Mitnichten! Dieses Recht auf Grant ist nämlich ein Privileg, das man sich nicht nehmen lassen darf (einer von zehn Tagen sollte für die Statistik allerdings auch reichen). Wie hasse ich sie dann, die fröhlichen Menschen mit ihrem ständigen Lächeln und dem Gerede von positivem Denken, wo die Welt doch gräßlich, die Luft verschmutzt und das Leben mühsam ist! Lach ein bißchen! Die haben doch keine Ahnung, wie schön entsetzlich alles sein kann! Die wollen einfach nicht begreifen, daß es absolut keinen Grund gibt zur Heiterkeit! Mit heruntergezogenen Mundwinkeln, hängenden Lidern und leicht aggressivem Blick (es könnte ja sein, daß einer von den Immerfröhlichen unsere Wege kreuzt, und für diese Situation muß man in ständiger Angriffshaltung sein – wie anstrengend!) stöhnen wir uns durchs Leben. Schuld an diesem beneidenswerten/bemitleidenswerten Zustand kann alles sein: der Chef, das Wetter, der Partner, bevorzugt werden aber auch sinnlose Kleinigkeiten wie zu heißer Kaffee, leerer Tank, spröde Lippen oder eingerissene Fingernägel genommen. Es muß für diese Art der schlechten Laune aber auch gar keinen Grund geben, da reicht es sprichwörtlich aus, mit dem linken Fuß aufgestanden zu sein. Und wahre Könner auf diesem Gebiet – sogenannte Profi-Grantscherben – schaffen es obendrein auch noch, diesen Zustand zu genießen. Jedenfalls bis zum nächsten Tag, wenn wir wieder über uns selbst lachen können und die armen zwei Prozent der Menschheit bedauern, die nie wissen werden, was ihnen da entgeht!

•

Muttertagsgeschenk

Als Kinder hatten wir es noch einfach. Da wurde die Verantwortung darüber, was wir zum Muttertag schenken, an die Lehrerin und ihre Kreativität delegiert. Da gab es dann gehäkelte Spitzendeckchen für Mama und kunstvoll bemalte Billets mit der Aufschrift: „Der lieben Mutter“. Das hatte Sinn und machte Freude, wir waren stolz auf unser Werk, das bis zum zweiten Sonntag im Mai versteckt gehalten wurde, und Mama war schließlich auch stolz auf die handwerkliche Begabung ihrer Kinder. Fünf Kinder à vier Volksschuljahre – da kommt schon was zusammen an Zierdeckchen, Eierwärmern, bestickten Brillenetuis und liebevoll umgarnten Nähpolstern!

Dann kommt die Zeit, da glaubt man der Werbung und somit daran, daß mütterliche Glückseligkeit tatsächlich in einer Allzweckküchenmaschine mit eingebautem Fleischwolf liegt. Oder einer Bügelmaschine mit Super-Press-Automatik. Geräte also, mit denen Mama ihre typisch mütterlichen Tätigkeiten zwar nicht vereinfachen, dafür aber wenigstens perfektionieren kann. Wir wollen ihr ja an ihrem Ehrentag schließlich etwas Gutes tun. Es folgt die Merci-Mon Chéri-Bonbonniere-Phase. Süßer Likör, das ist es – in der Werbung lieben alle Mütter süßen Likör! Das muß eine Art

Naturgesetz sein und läßt sich auch auf Großmütter erweitern. Doch auch das geht wieder vorbei, die Mutterbeziehung wird im Laufe der Zeit weniger marktwirtschaftlich orientiert, dafür wieder persönlicher. Ein Buch, ein Seidentuch, ein Schmuckstück, etwas ganz Spezielles. Erst jetzt scheinen wir begriffen zu haben, daß Mama nicht nur Hausfrau, sondern auch Frau ist. Ein elegantes Kleidungsstück, ein besonderer Duft. Es soll ja bloß eine kleine Aufmerksamkeit sein, nichts Aufwendiges!

Liebe soll mein Geschenk zeigen, und daß ich mir Zeit für Mama nehmen will. Ein Bild, ein dekoriertes Foto, ein paar selbstgedichtete Zeilen ... vielleicht doch etwas ... Selbstgebasteltes?! Jetzt fällt es mir wieder ein, als Kind war's klar.

Burn out

Zu Beginn war ich ja eigentlich noch ganz frisch, hab' mich ehrlich wohl gefühlt. Dann hab' ich in Radiobeiträgen davon gehört, in Zeitungen gelesen, auch im Fernsehen konnte ich dem Thema nicht entkommen: Burn Out, das Symptom, das aktive, berufstätige Powerfrauen plagt, ist wieder angesagt. Auf der einen Seite liegen da wahre und oft unterschätzte Probleme von Frauen, die nur mehr als Superfrauen vor sich selbst und anderen bestehen können. Gewissenhafte Hausfrau, liebende Mutter, verführerische Geliebte, korrekte Geschäftsfrau, Gewünschtes nach Bedarf ankreuzen, baldiger Zusammenbruch garantiert. Auf der anderen Seite ein erheiterndes mediales „Burn out"-Spektakel, das niemandem weiterhilft. Eindringlich beschwören Lebensberater in Interviews, die ersten Anzeichen ja nicht zu übersehen (Kopfschmerzen, Gedanken und Träume von der Arbeit, viel zu lange Zeit schon kein Urlaub, Gefühl der Wertlosigkeit ohne beruflichen Streß etc.), Ausgeglichenheit und Lebensfreude auch abseits der Arbeit zu suchen und schnellstens ihre Seminare zu buchen, Bücher kaufen, Ratgeber zu befolgen – einfach ihren Umsatz zu steigern. Schließlich flattert mir auch noch ein Brief ins Haus (woher die meine Anschrift haben, wundert mich bei Durchsicht meiner Post täglich mindestens einmal), dessen Überschrift schon vielversprechend klingt: „Alle bewundern Ihre Leistung – wann sind Sie ausgebrannt?“ Ein Trainer wird mir frei Haus angeboten, der meinen Arbeitsstil verbessert, zusätzliche Energien freisetzt, Familie und Beruf in Einklang bringt, mein Charisma entwickelt, mir zu neuer Lebensfreude und Energie verhilft und meiner Zukunft neue Ziele gibt! Rückkuvert liegt bei, Antwort auf der Postkarte genügt, Porto zahlt der Empfänger. Wer da nicht schnellstens zugreift, ist selbst schuld an seinem desolaten Leben. In Aussicht auf diesen Helden, der mein Leben retten wird, und wenn ich alle „Burn out“-Ratgeber, Psychotests, Fragebogen in Frauenzeitschriften genau lese, fühle ich mich mittlerweile auch sehr müde, matt und ausgebrannt, voll im Burn out-Trend eben!

30 Millionen Dollar

In den USA wurden einem fünfjährigen Buben, der im Krankenhaus bei einer Bluttransfusion mit der tödlichen Immunschwäche Aids infiziert wurde, vom Gericht 30 Millionen Dollar Schadenersatz zugesprochen. In Amerika ist das möglich, wer durch die Schuld anderer, durch Unachtsamkeit und Schlamperei in große Not gerät, kann klagen. Gerechtigkeit ist letztendlich auch nur eine Frage der Summe.

30 Millionen Dollar! Das sind selbst bei schlechtem Kurs mindestens 300 Millionen Schilling! Um 300 Millionen Schilling könnte der fünfjährige Bub später einmal die ganze Welt bereisen, ferne Länder und fremde Kulturen kennenlernen. Er könnte sich eine Luxusjacht, teure Autos, sogar ein eigenes Flugzeug kaufen! Er könnte das Geld gut anlegen, ein Haus bauen, mit Swimmingpool und riesigem Garten! Er könnte sich später eine gute Ausbildung leisten, sich selbstständig machen, eigene Geschäfte eröffnen. Obwohl – mit 300 Millionen Schilling braucht man ja gar nicht mehr zu arbeiten! Er könnte sich schicke Kleidung und Schmuck kaufen. Ein Leben wie im Schlaraffenland, wo einem die Trauben in den Mund wachsen und gute Geister jeden Wunsch von den Augen ablesen, bevor man ihn noch ausgesprochen hat. Er könnte täglich Hummer,

Kaviar, Lachs und Champagner bestellen – wenn's ihm schmeckt. Er könnte Wertpapiere und Aktien kaufen, und das Geld würde sich „von allein" vermehren! Die Zinsen würden seinen aufwendigen Lebensstil finanzieren. Er könnte täglich Tennis spielen, sich anschließend massieren lassen oder anderen Vergnügungen nachgehen. Er könnte, gleich nebenan in Hollywood, einen Kinofilm produzieren mit Arnold Schwarzenegger in der Hauptrolle. Mit Geld soll ja „alles möglich sein" – mit 300 Millionen Schilling erst recht!

Fast alles.

Wahrscheinlich wird er das Geld für Forschung spenden. Und für eine teure Behandlung benötigen, die ihm – wenn es soweit ist – ein menschenwürdiges Sterben ermöglicht. Denn er hat ja jetzt Aids. Und daran kann kein einziger Dollar etwas ändern.

•

Männer!

Den meisten Menschen erzähle ich wohl nichts Neues, wenn ich von der Parkplatzsituation in Wien schreibe.

Montag, 17 Uhr, Neustiftgasse. Mitten im dichtesten Stoßverkehr. Dort, wo es bereits bedeutungslos ist, ob die Ampel gerade nun grün oder rot ist, dort wo selbst die Busspur staut. Meine Lippen sind trocken, ein Fingernagel ist eingerissen, ich bin schon viel zu spät dran und stecke im Stau. Und aus dem Autoradio tönt Hardrock. Eine Situation also, wie sie sich jeder wünscht. Hier, in einem Geschäft, hätte ich noch ganz kurz etwas zu erledigen. Wirklich, es dauert nur ein paar Minuten! Aber wohin mit dem Auto? Parkplatz gibt es sowieso keinen, wieso machen Menschen in solchen Straßen überhaupt noch Geschäfte, wenn hier keiner parken kann? Selbst die zweite Spur ist hoffnungslos zugeparkt, was den Verkehr restlos zum Stillstand bringt. Ich habe Glück! Eine Garageneinfahrt, direkt vor dem Geschäft – und kein Auto davor! Die Abschleppdrohungen flößen mir zwar Angst und Respekt ein – aber nur ganz kurz. Leise Zweifel, ob ich das Unverschämte wagen soll, werden kühn zerschlagen, dann bin ich wild entschlossen: Hier bleibe ich stehen, behalte das Auto ja ohnehin im Auge.

Gesagt, getan.

Zwei Minuten später kommt ER. Marke geschäftiger Mann, der nur sehr selten lacht, und wenn, dann verhalten. „Gehört Ihnen das Auto?“ schnaubt er mir entgegen. „Ja, Entschuldigung, ich bin schon weg ...“, versuche ich ihn mit meinem unschuldigsten Gesichtsausdruck zu beschwichtigen und bin auch ehrlich bedrückt, ihn mit meinem Auto behindert zu haben. Wahrscheinlich fühlt er sich so, wie ich mich im Stau gefühlt habe, und er kann ja auch nichts dafür. Doch ER kennt keine Gnade, denn er hat die Parkplatzmisere offensichtlich ganz genau analysiert: „Eine Frau“, brüllt er, „natürlich eine Frau, warum kann eine Frau NIE einen g'scheiten Parkplatz finden?!“ Ich fuhr schnell aus der Einfahrt – wer weiß schließlich, was solchen Männern noch in den Sinn kommt –, ließ ihn in seine Garage fahren und dachte: „Warum nur, warum kann ein Mann so dumme Fragen stellen?!!“

Hundeleben

Eine Salzburger Soziologin hat in ihrer Diplomarbeit Erstaunliches herausgefunden: Hundebesitzer sehen das Leben positiver, sind kontaktfreudiger, aufgeschlossener als andere Menschen. Da ist was dran, schließlich trifft man beim Gassigehen andere Zweibeiner, mit denen man – während die Hunde die Notdurft verrichten, übereinander herfallen oder bellend alle Neuigkeiten des Tages austauschen – auch reden muß. Zu Beginn über Hund und Katz', was sonst. Ist's ein Weiberl oder ein Manderl? Damit einmal das Grundsätzliche geklärt ist und die Zusammenkunft ohne weitreichende Folgen bleibt. Es folgen Expertisen über Futter und Pflege, Lebenserwartung und Gemütszustand, Krankheiten und Ärzte der Vierbeiner (eigentlich die gleichen Themen, die Menschen besprechen, wenn es um ihresgleichen geht). „Frißt Ihrer auch so schlecht in letzter Zeit? Ja, die spüren eben den Wetterumschwung! Bist du ein schöner Hund, ein Prachtexemplar, da wird das Herrl aber eine große Freude mit dir haben!" (Spätestens hier wird der Tonfall angenommen, der sonst nur beim Gespräch mit Kleinkindern zum Einsatz kommt.) „Ja, ja – Hunde sind eben die besseren Menschen!" Gassi-Profis reden dann spontan über Gott und die Welt, über Tratsch und Klatsch aus der Nachbarschaft. So weit, so gut, das fördert in der Tat die zwischenmenschliche Kommunikation.

Nun habe ich aber auch ganz andere Beobachtungen gemacht: Menschen, die beziehungsunfähig sind, ihre Gefühle nicht zeigen können, lieben ihren Weggefährten auf vier Beinen umso inniglicher. Hier sind die Beziehungsspielregeln klar, hier wird Liebe halt noch mit sanftem Schwanzwedeln erwidert. Menschen, die sich sonst kontaktscheu, zugeknöpft geben, denen selten ein Lächeln über die Lippen kommt, keine Träne über die Wange rinnt, und die gegenüber einem anderen Menschen niemals ein zärtliches Kosewort in den Mund nehmen würden, werden beim ersten treuen Dackelblick zum streichelweichen Kuscheltier. Während für sie zwischenmenschliche Kommunikation ein unergründliches Mysterium bleibt, wird der Hund zum einzigen Ansprechpartner (im wahrsten Sinn des Wortes, denn da redet keiner zurück) für alle Sorgen und Nöte. Womit sich wieder einmal eine alte Diplomarbeits-Weisheit bewahrheitet: Auch das Gegenteil ist richtig!

Spenden

Es vergeht fast kein Tag, ohne daß ein weiterer Spenden-Erlagschein mit der Post auf meinem Schreibtisch landet. Manchmal zweifle ich. Und oft zahle ich. Für die vom Aussterben bedrohten Tiere, die verwaisten Kinder, die an den Rand gedrängten Alten, für Kranke und Behinderte, die von uns zerstörte Natur. Für Bosnien und Kroatien, Rumänien und Armenien, für Nachbarn, die in Not geraten sind, für Hungerleidende weit weg, in der sogenannten Dritten Welt, für kaputte Bauwerke und kranke Bäume. Die Liste ließe sich beliebig und noch lange fortsetzen. Bei keinem Schilling, den ich für solche Aktionen gespendet habe, habe ich je überprüft, ob er auch wirklich angekommen ist. Und das kann und möchte ich auch weiterhin nicht tun. Menschen und Tiere sterben weiter, Kranke leiden, und nichts, aber schon gar nichts gibt mir einen Hinweis darauf, daß da mit meinem Geld wichtige Dinge bewegt werden können. Ich hab' auch aufgehört, mich ständig nach dem konkreten Nutzen meines minimalen Beitrages zu fragen. Doch nicht nach dem Sinn! Mit hundert Schilling kann ich die Au nicht retten, Hungernde nicht füttern, Kranke nicht heilen. Das ist nicht einmal ein Tropfen auf viele glühend heiße Steine. Aber ich erkläre mich mit meinem Erlagschein zuständig. Es geht mich etwas an. Zugegeben, die konkrete Arbeit delegiere ich an andere, die mutig in Kriegs- und Krisengebiete fahren, sich vor Tanker werfen und in mühevoller bürokratischer und organisatorischer Kleinarbeit Hilfsaktionen planen. Diesen Menschen gehört mein Respekt und meine Hochachtung – und ich werde nicht aufhören, sie in ihrer Arbeit zu unterstützen. Es ist mir nicht egal, wie es auf dieser Welt aussieht. „Jeder kann nur das tun, was er eben tun kann. Aber das muß er tun“, hat Harry Belafonte einmal sein Engagement für diverse Aktionen kommentiert. So könnten Spendenaufrufe nicht nur immer wieder Appelle ans Mitleid und schlechtes Gewissen sein, sondern auch Stärkung des Selbstbewußtseins. Keine milde Gabe und Almosen, kein Freikaufen von Verantwortung, sondern genau das Gegenteil. Nicht wahllos und unüberlegt, sondern kleine, aber konsequente Zeichen einer Haltung, die von Vertrauen und Weitsicht geprägt ist.

Schularbeit

Vor kurzem wurde das Ergebnis einer Untersuchung über die Qualität der Ausbildung in Österreich präsentiert. Das Ergebnis: Nicht genügend. Ich bin einer der wenigen Menschen, die gerne in die Schule gegangen sind. Wenn ich heute an meine Schulzeit zurückdenke, überkommt mich immer noch das sentimental melancholische Gefühl, das man hat, wenn man ein funkelnagelneues Schulheft aufschlägt und im jungfräulichen Weiß der ersten Seite alle guten Vorsätze für das kommende Schuljahr liegen. Ich zähle also nicht zu denen, die in der Schule die Reparaturwerkstatt für gesellschaftliche Probleme aller Art sehen, ein Allheilmittel für das Versagen anderer, die Verantwortung tragen. Ich schreibe mir nicht den Groll von der Seele, den viele Menschen empfinden, wenn sie an ihre Schulzeit zurückdenken. Doch je länger meine Schulzeit zurückliegt, desto größer wird der Ärger, der sich zu den angenehmen Erinnerungen mischt. Heute weiß ich: Sobald man die Schule verläßt, sollte man möglichst schnell eine in Österreich ja beliebte Eigenschaft annehmen: vergessen zu können, nämlich das, was man gelernt hat. Ich weiß immer noch, daß 1066 die Schlacht bei Hastings stattgefunden hat. Die geschichtlichen Ereignisse dieses Jahrhunderts und damit mein Verständnis für heutige politische Situationen mußte ich mir selbst aneignen. Ich hab' immer noch im Kopf, daß die Eulersche Konstante 2,71828 beträgt. Über Gefahren der Atomkraft mußte ich mich nach acht Jahren Allgemeinbildender Höherer Schule selbst informieren. Ich kann heute noch damit brillieren, daß die Flügel einer Biene im Flug einen Achter beschreiben. Daß bis zum Jahr 2000 weitere zwei Millionen Tier- und Pflanzenarten vom Aussterben bedroht sind, hab' ich nicht gewußt. Kurzum: Auf wesentliche Probleme der heutigen Zeit und dieser Welt hat mich meine Ausbildung nur unzureichend vorbereitet. Das liegt nicht nur an den Lehrern, nicht nur am Lehrplan, nicht nur ... Ich höre sie schon, die „Das kann man nicht von heute auf morgen verändern"-Sager.

Nur: Ohne eine Vision, ohne mehr Mut, mehr Innovationsgeist, mehr Kreativität und Phantasie sind wir auch übermorgen noch nicht so weit. Nicht für die Schule, für das Leben lernen wir – wie schön, wenn es wahr wäre!

Päpstlich

Papst Johannes Paul der Zweite auf Reisen. Diesmal war sein Ziel Tansania. Er spricht über politische Krisen, Hungerkatastrophen, den Frieden auf der Welt und – wie immer und besonders gerne in Ländern der „Dritten Welt" – über Sexualmoral und Verhütung. An seine längst überholte, aber auch nicht ungefährliche Meinung zu diesem Thema haben sich selbst Strenggläubige mittlerweile gewöhnt. Diesmal wartet er allerdings mit einem neuen Detail auf: Er spricht über den Kampf gegen die „Seuche des Jahrhunderts", gegen Aids.

Ein Thema, das in afrikanischen Ländern wegen der hohen Aidsrate von besonderem Interesse ist. Hier hat das HIV-Virus seinen Ursprung, hier wütet es gemein und unbarmherzig und hat in menschlicher Unvernunft, Unachtsamkeit, aber auch einfachem Unwissen starken Nährboden. Es gibt bereits eigene Waisenhäuser für all jene Kinder, deren Eltern an Aids gestorben sind. Hier kennt man die Symptome und Auswirkungen der Krankheit nur zu gut, Bewußtsein über Verbreitung und Ansteckungsgefahr dagegen ist nur gering vorhanden, Aufklärung tut not. Man wartet und erwartet Hilfe.

„Ja, es muß auf diesem Gebiet etwas geschehen", das weiß auch der Papst. Auf ihn wird man hier hören, seine Worte, seine Meinung haben Gewicht! „Wir müssen in Aufklärungsarbeit, Forschung und menschenwürdige Behandlungsmöglichkeiten der Kranken viel investieren", so seine Worte, bedächtig und überzeugend gesprochen. Und dann bietet er seinen Gläubigen Hilfe, die nicht nur ihnen die Sprache verschlägt: Die Verwendung von Kondomen ist ihnen und den Kranken, jedenfalls, wenn es nach seiner Auslegung der schon so oft mißinterpretierten christlichen Lehre geht, untersagt. Die katholische Kirche am Ende des zweiten Jahrtausends: Wer nicht nur für, sondern auch von Notleidenden lebt, darf Zynismus dieser Art nicht verbreiten! Selbst der Papst erkennt die dringende Notwendigkeit, schnell und effektiv zu handeln – aber keiner soll damit bei sich selbst beginnen. O Gott! So kannst du es nicht gemeint haben!

Katastrophen

Der menschliche Trieb ist nicht neu: Die Römer hatten ihre Gladiatorenspiele, bei denen Menschen den Löwen zum Fraß vorgeworfen wurden. Das Mittelalter hatte seine öffentlichen Hinrichtungen, jeder konnte dabei sein, wenn Verurteilte zur Guillotine gebracht und ihnen der Kopf abgeschlagen wurde, oder wenn Hexen auf dem Scheiterhaufen verbrannt wurden. Heute bekommen wir die Katastrophen jeden Tag frei Haus via Fernsehen ins Wohnzimmer geliefert. Kein Abend ohne Terror, Krieg, Flugzeugabsturz, Unfall, Leid und Not. Ohne Menschen, denen Schreckliches widerfahren ist und an deren Gesichtsausdruck wir unseren Sinn fürs Tragische befriedigen können. Da wird kein Detail ausgelassen, und wo der Informationswert endet, setzt die dramaturgische Inszenierung ein. Das nennen wir dann „Reality TV", und das ist nicht nur in Amerika, sondern auch längst bei uns der Einschaltquotenhit! Warum finden so viele Menschen Formel-1-Rennen erst dann wirklich spannend, wenn ein Unfall passiert, ein Bolide mit 200 km/h ungebremst in die Kurve rast und in Flammen aufgeht? Wird der Fahrer überleben? Woher kommt diese Lust am Schrecken, die in Horrorfilmen auf einen absurden Höhepunkt getrieben wird? Warum wenden wir uns nicht ab, wenn wir Schreckliches sehen? Gibt es da keinen Instinkt, keine Schranke, die uns daran hindert, manches zu ertragen?

Bilder von Katastrophen aus aller Welt sind von erschreckender Erbarmungslosigkeit. Verstümmelte Leichen, Blut, Trümmer, Asche und Schutt. Aber keiner von uns will diese Bilder verpassen. Was ist nun so faszinierend am Anblick des Furchtbaren? Offenbar empfinden wir eine gewisse Lust an Katastrophen, brauchen den Anblick des Schreckens. Und so bitter es auch klingt: Irgendwie tut es wohl, Unglück zu sehen, das nicht einem selbst geschehen ist. Es stimmt bescheiden, macht demütig und dankbar: Gott sei Dank, nicht ich. Auf grausame Art und Weise werden wir erinnert, daß Glück nicht selbstverständlich ist. Bleibt zu hoffen, daß solche Erlebnisse und Eindrücke auch unsere Sensibilität steigern und wir nicht darauf warten, daß die Dosis erhöht wird.

Die 30jährigen

Das Abenteuer haben sie erledigt, den Widerstand aufgegeben, dafür haben sie Verantwortung übernommen. Sie wissen auch jetzt noch nicht, welcher Beruf der richtige für sie ist, aber ausprobieren wollen sie auch nichts mehr. Sie haben einen Job, einen Chef, eine Familie, oder sie sind bereits wieder geschieden, eine Wohnung, ein Auto, Kreditkarten und Abbuchungsdaueraufträge auf der Bank. Sie achten auf Sonderangebote im Supermarkt, auf Umwelttips, auf Erziehungsvorschläge, Preisausschreiben und Versicherungsangebote. Sie besuchen Selbstfindungsseminare und lesen Lebenshilfe-Bücher, denn sie haben noch nicht aufgegeben, den wahren Sinn, die Erfüllung des Lebens zu finden. Sie kokettieren damit, auszusteigen – wohlwissend, es niemals zu wagen. Sie kennen Christian Wolff, den Förster im Forsthaus Falkenau, Christian Quadflieg, den Landarzt, Horst Tappert und Fritz Wepper alias Derrick und Harry Klein und auch alle anderen Helden der Fernsehserien – geben das aber nur ungern zu. Sie sind auf ihren eigenen Vorteil bedacht – und täuschen dabei nur zu gerne vor, „zum Wohle der Allgemeinheit" zu handeln. Sie fühlen sich zu alt für Discothekenbesuche spätnachts. Sie besuchen Open Air-Konzerte der zeitlosen Rocklegenden ihrer Jugendtage – mit Kind und Kegel, statt Sex, Drugs & Rock 'n Roll. Sie kaufen Feuchtigkeits-Antifaltencreme mit Collagen und sind Mitglied im Fitnesscenter. Denn ab einem gewissen Alter muß man schon etwas tun für den Körper. Für die jungen Schnösel, die jetzt genauso sind, wie sie früher waren, haben sie wenig Verständnis.

Denn jung wollen sie ja selbst sein. Anders jung halt als damals. Neugierig – aber nicht um jeden Preis. Widerspenstig – solange es dem eigenen Ansehen nicht schadet. Fröhlich – wenn man dabei die Lachfalten nicht entdeckt. Sie sind drauf und dran, sich auch damit zu arrangieren, vielleicht einmal interessante Menschen zu werden. Und ein paar Träume knabbern ja doch noch an ihnen – in den nicht durchgeplanten, müden, ruhigen Minuten. Sechs Wochen Amerika, von der West- bis zur Ostküste, ein offener Sportwagen, eine Fahrt mit der Transsibirischen Eisenbahn.

Ich würde niemandem raten, ihnen zu trau'n. Aber genau genommen gibt es auch keinen Grund mehr, es nicht zu tun.

GEMÄLDE

Vogelperspektive

Fliegen ist schon lange nicht mehr die elitäre Art zu reisen, die ein paar Superreichen vorbehalten bleibt. Ein Super-Apex-Flug zum Holiday-Billigtarif ist für (fast) jedermann erschwinglich. Der Traum zu fliegen, in kürzester Zeit ans andere Ende der Welt zu gelangen und gleichzeitig auf die Erde von oben herabzublicken, ist heute somit für viele Realität. Auch wenn diese Art, sich fortzubewegen, viel zu schnell geht, um sie zu begreifen (die Seele braucht einfach ihre Zeit, um nachzukommen!), sollten wir doch versuchen, diese einzigartige Möglichkeit der Distanz zur Erde zu nutzen und uns bewußt zu machen: Von oben gesehen ist dieser Planet ein anderer, von oben gesehen scheint vieles klarer.

Flüsse ziehen wie kräftig pulsierende Adern durch die Landschaft, Felder und Wälder liegen wie samtige, weiche Decken abschattiert in grünen, gelben und braunen Pastelltönen unter uns. Autobahnen und Straßen sind aus dieser Perspektive mutwillige Kratzer, rauchende Industrieschornsteine wirken wie aufgeplatzte Wunden, wie bösartige Geschwüre. Seen und Gletscher sind die Spiegel für den Himmel, Wolken ziehen wie weiche Wattebausche unter uns vorbei. Millionen Lichter gehen in der Dämmerung an wie viele, viele kleine

Taschenlampen, die uns den Weg im Dunkeln weisen wollen. Berge und Schluchten erheben sich unter uns wie mächtige Denkmäler aus einer Zeit, die Millionen Jahre zurückliegt. Häuser, Autos, Menschen werden winzigkleine Punkte – so klein und überschaubar, so hilflos, daß man nicht umhin kommt zu begreifen, daß es tatsächlich in unserer Hand liegt, was mit dieser Erde weiterhin passieren wird! Und dann das Meer – der endlose Ozean, das ewige Blau, das sich unter uns wie ein sicheres Netz aufspannt.

Wer dieses Kunstwerk erschaffen hat, war genialer als der beste Bildhauer, besessener als der phantasievollste Komponist, genauer als der berühmteste Dirigent, bunter als der gewagteste Maler. Wer fliegt und dabei nicht versäumt, auch aus dem Fenster zu schauen, kann nicht anders als Liebe, Ehrfurcht und tiefen Respekt für diese Erde zu empfinden. Vergessen wir diese Ansicht nicht, wenn wir wieder auf dem Boden sind!

November

An diesen Tagen, wenn der Nebel bis in die Seele zieht, die grauen Wolken so tief hängen, daß man sie – wenn man sich auf die Zehenspitzen stellt – mühelos berühren kann, wenn die letzten bunten Blätter sich wie mißglückte, viel zu grelle Pinselstriche in dieses matte Aquarell verirren, wenn das Schreien der schwarzen Krähen das einzige Geräusch im Garten ist und der modrige Geruch des nassen Laubes wie ein Winterschlafmittel wirkt, da braucht man schon eine spezielle „Überlebensstrategie für trübe Wochenenden". Meine sieht so aus:

Eine Kerze ins Fenster stellen, eine zweite Duftkerze anzünden (bevorzugt mit dem Geruch von Melisse oder Eukalyptus). Hagebuttentee kochen, mit Blütenhonig und Zitronensaft, „Horai Plum" – japanischen Pflaumenwein – wärmen. Lebkuchen, falls in den Blechdosen mit den kitschigen Weihnachtsengeln aus den Vorjahresbeständen noch vorhanden. Hart, aber herzlich. Die sentimental-melancholische Stimmung wird durch Blättern im Foto-Erinnerungsalbum angeregt. Bilder von damals, die Geschichten erzählen. Von längst verdrängten Schultagen, von längst vergessenen Abenteuern, von längst verstaubten Erlebnissen. Jetzt sind sie alle wieder da, einen trüben Novembernachmittag lang, aus dem CD-Player summt Carly Simon „As time goes by“ (die Casablanca Originalversion würde ich wohl nicht ertragen). Das Telefon kommt unter den dicksten Polster, der Anrufbeantworter übernimmt verläßlich die letzten Spuren der Kommunikation mit der Außenwelt. Selbst die Vorhänge werden sicherheitshalber zugezogen. Gedanken an die Arbeit werden in der untersten Schreibtischschublade verstaut. Die älteste, kuscheligste, liebste, grüne Acryldecke bis über beide Ohren ziehen und so ausgerüstet eine Kassette mit einem alten Schwarzweiß-Film in den Videorecorder schieben. Audrey Hepburn und Gregory Peck. Ein Herz und eine Krone. Die kleine Prinzessin auf Abenteuerurlaub in Rom, einen Tag nur hat sie, um das Leben kennenzulernen. Der verwirrte Journalist ihr Herzensbrecher. Und ich mitten drin. Da kann er kommen, der Nebel. Bonjour Tristesse am Samstag nachmittag! Man muß es verstehen, auch Trübsinn und Traurigkeit lustvoll zu gestalten. So kommt man ganz gut durch diese Jahreszeit!

Zeitlupe

Die aufregendsten Sportarten werden uns heute mittels moderner Fernsehtechnik live ins Wohnzimmer gebracht. Kameras, die am Helm, im Cockpit, im Hubschrauber montiert sind, bringen uns Einstellungen und Perspektiven, die uns glauben machen, daß wir hier selbst unterwegs sind, 210 Stundenkilometer, ich in der Mausefalle, am Nürburgring, im Stadion.

Doch wieviel weniger wüßten wir von solchen Sportgroßereignissen, gäbe es nicht die technische Möglichkeit der Zeitlupe! „Slow motion", wie es im Englischen noch deutlicher heißt, wenn die Bewegungen plötzlich ganz langsam werden. Erst in Zeitlupe erfahren wir die wirklichen Hintergründe, empfinden die intensivsten Eindrücke. Jeder Sturz wird noch grausamer, jeder Sprung noch unglaublicher, jede Niederlage noch bitterer, jeder Sieg noch süßer. Wenn ein Langläufer total erschöpft ins Ziel fällt, sein ruheloser Atem vor dem erfrorenen Gesicht erstarrt und er dann in Zeitlupe den Kopf in den Schnee vergräbt, weiß jeder Zuschauer, was Enttäuschung bedeutet. Wenn der Glanz in den Augen eines Sportlers in Zeitlupe das Fernsehbild erhellt, zitternde Lippen sich ganz, ganz langsam zu einem strahlenden Lächeln formen und eine Freudenträne sekundenlang über die Wange rollt, erst dann ist der Triumph perfekt. Wenn eine Eiskunstläuferin in der Zeitlupenwiederholung ganz langsam ihren Anlauf zum schwierigsten Sprung nimmt, wenn ihr Gesicht dabei bebt, angespannt und doch einstudiert freundlich ist, erst dann wird klar, wieviele schweißtreibende Trainingsstunden sie zu dieser Perfektion gebracht haben. Wenn ein Formel-1-Pilot in Wirklichkeit mit enormer Geschwindigkeit, für uns aber ganz langsam in Zeitlupe gegen die Mauer rast, wenn Flammen im Heck lodern, als würden sie hier tanzen, wenn er sich schließlich retten kann, dann wird noch einmal so deutlich, welchen Gefahren sich diese Sportler aussetzen. Hunderte Stundenkilometer, mit denen Skirennläufer über Felsen fegen, Bobfahrer durch den Eiskanal rasen, und Hundertstel Sekunden, die ein Rennen schließlich entscheiden, können zwar beeindrucken. Aber Zeitlupe, das ist wohl das Tempo, das wir begreifen.

Mac D.

Ich weiß schon, es zählt zu den gemeinsten Dingen, die man seinem Magen-Darm-Trakt antun kann. Ich weiß, da wurden Regenwälder gerodet, damit mehr Platz da ist für endlos weite Herden von Rindern, die anschließend zu winzigen Fleischlaibchen verarbeitet werden. Ich weiß, es handelt sich um eine kulturelle Katastrophe und kulinarische Barbarei. Ich weiß auch Bescheid um die Kalorien und Cholesterin. Trotzdem, seien Sie doch eimal ganz ehrlich: Sie kennen doch auch das unsagbar schöne Gefühl, wenn man einmal im Monat, tief in der Nacht, weit nach Mitternacht, bei einem Drive In einfällt, um der automatischen Gegensprechanlage die geheimsten kulinarischen Wünsche anzuvertrauen: ein Cheeseburger, einmal Pommes Frittes mit Ketchup (die große Portion, wenn schon, denn schon richtig!) und ein Cola mit Eis!

Es zählt doch zu den lustvollsten Genüssen, wenn das Ketchup ganz langsam über die fettsalzig-klebrigen Finger rinnt und man zärtlich in den zäh-weichen Burger beißt. Wenn die Gurkenscheibe durch die geile Mayonnaise-Senf-Mischung flutscht und die Flugbahn genau dort endet, wo die kunstvoll geschaffene Abdeckung aus Serviette und Karton den weißen Pullover vor nichts mehr schützt. Es schmeckt ein bißchen wie

Pappkarton, unangenehm – köstlich! Klar, man hätte den Umweg nicht auf sich nehmen müssen, sondern statt dessen gesundheitsbewußt ohne diese Last zu Bett gehen können. Man hätte als Alternative eine patriotisch-traditionelle Käsekrainer wählen können. Doch in diesen Stunden will man ihn spüren – den Hauch des Lebensgefühls, das wir sonst nur aus der Cola-Werbung kennen. Jugendlich, dynamisch, sportlich, verliebt. Yeah!

Kaum hat man das Mahl gierig verschlungen und die Reste umweltfreundlich entsorgt, meldet sich auch schon das schlechte Gewissen: War das jetzt notwendig, um diese Uhrzeit, dieses Essen!? Natürlich war es notwendig. Es ist einfach das süße Gefühl, gesündigt zu haben, das man hin und wieder ausgiebigst genießen sollte!

Sonnenbrand

Wir haben es in zahlreichen Zeitungsartikeln gelesen, in Dutzenden Frauenzeitschriften studiert, haben Fernsehtalkshows und Spezialsendungen mitverfolgt. Kurzum – wir wissen es jetzt wirklich: Gebräunte Haut ist längst out und obendrein ziemlich ungesund. In allen Interviews bestätigen Mediziner diese, mittlerweile nicht mehr neue Erkenntnis, was mich dann immer wieder froh stimmt, da es meinem matten Teint sehr entgegenkommt. Da treffen wir überzeugt Blassen dann selbstbewußt und käseweiß am Urlaubsort ein, und schon nach kürzester Zeit sehen wir unsere Überzeugung schwinden und können schon bald unser mühevoll angeeignetes Wissen in den Sand schreiben: Sie sehen halt doch verdammt gut aus, die knackig Braunen, die lässig über den Strand schlendern, sportlich, dynamisch, agil. Ein Hauch von Sonne hat ja auch noch niemandem geschadet – so entfernen wir uns zunächst zaghaft vom blassen Weltbild und beginnen unser Sonnenbad medizinisch wertvoll und eindrucksvoll vernünftig – im Schatten. Doch die schamlos Braunen, die sich ästhetisch in der Sonne räkeln, verführen uns dazu, es dabei nicht bewenden zu lassen, sondern schärfere Maßnahmen einzuleiten. „Auf in die Sonne, ihr wollt doch so sein wie wir, und das möglichst schnell" – unausgesprochen scheinen sie uns solche Botschaften zuzuflüstern und locken uns unter die prallen Sonnenstrahlen! Jetzt ist alles dahin, von wissenschaftlichen Erkenntnissen wissen wir nichts mehr, noble Blässe ist uns unter der mediterranen Mittagssonne herzlich egal.

Doch mit dem Bräunen funktioniert es halt nicht wie beim Frittieren in der Pfanne – der Effekt der anstrengenden Röstarbeit ist nicht unmittelbar sichtbar, dafür umso schneller spürbar. After Sun-Lotionen, Beruhigungsgel mit Kamille oder einfach Joghurt werden aufgetragen, um den ärgsten Schmerz zu lindern. Reumütig erinnern wir uns in den stehenden Nächten (liegen können wir in diesem Zustand nicht mehr) daran, wie schön es war, blaß zu sein, und verhüllen uns die nächsten Tage hinter Lichtschutzfaktor 30 und einigen Handtüchern.

Denn wer wider besseres Wissen handelt, den straft das Schicksal sofort und unbarmherzig!

Tagträume

Ich weiß nicht, wie es Ihnen geht, aber für mich zählt es zu den schönsten Dingen im Leben: Tagträumen. Wie oft sitze ich im Auto, höre angenehme Musik, und dann – ganz in Gedanken – gebe ich mich meiner Phantasie hin, beginne zu träumen. Oder gönne mir vor dem Aufstehen eine halbe Stunde, die ich träumend noch im Bett liegen bleibe. Graue Wintertage sind besonders guter Nährboden, um für Momente abzuheben.

In Tagträumen ist mir kein Abenteuer zu verwegen, keine Leidenschaft zu schnulzig, keine Situation zu romantisch. Und das Schöne dabei: Mein Kopf führt Regie! In meinen Tagträumen bin ich es, Kleiner, die dir in die Augen schaut. Und morgen ist schließlich auch noch ein Tag, morgen wird mir schon einfallen, wie ich ihn zurückerobere! „Vom Winde verweht“, „Casablanca“, selbst die „Lovestory“ und all die anderen Filme geraten zu müden Werken gegen das, was sich dann vor meinem geistigen Auge abspielt. Dieser Besuch im Gefühlskino tut aber nicht nur der Seele gut: Tagträume können unterhalten, regen Geist und Laune an, bringen verlorenes Selbstbewußtsein wieder auf Vordermann und verschaffen so ein angenehmes Gefühl der Befriedigung. In meinen Tagträumen bin ich die Heldin – wenn ich es will – oder auch das Opfer, wenn mir danach ist. Manchmal sind es bevorstehende Probleme und Herausforderungen, die ich im Traum bewältige, ein anderes Mal werden zurückliegende Erinnerungen neu verarbeitet und umgestaltet. Oft ist es wie ein innerer Großputz, das, was aus mir heraus will, träumt sich frei.

In der Realität müssen wir lernen, manche Grenzen zu akzeptieren, in der Phantasie müssen wir nicht. In ihr können wir sein, wie wir nicht sind. Können erleben, was wir im Alltag nicht erleben. Wir fühlen, was wir erträumen. Wenn ich dann von solchen Ausflügen zurückkehre, klingt das Empfundene immer noch ein bißchen nach in mir. Diese Momente, in denen ich meine Gedanken auf weite Reisen schicke, erschließen mir eine Welt, die jenseits meiner Grenzen liegt. Unerschöpflich, unverbindlich, und ganz für mich allein.

Selbstbaumöbel

Wie schön einfach ist die Welt in der Werbung für ein großes Möbelhaus: Da sitzen Vater und Sohn schwedisch-idyllisch in ihren Selbstbaumöbeln, der weiße zottelige Hund liegt verträumt zu ihren Füßen, und der Kieferntisch, klarlackbehandelt, kostet in der Sommersonderaktion nur 298 Schilling, Selbstabholungspreis. Hier würde kein Mensch ahnen, welche Mühen man auf sich nehmen muß, damit man soweit kommt – und ich weiß, wovon ich schreibe! Ich kenne die Verzweiflung, wenn BJÖRN, der Schrank, in 25 Teilen verteilt vor mir auf dem Fußboden liegt. Alles wird exakt so hingelegt, wie auf der Zeichnung beschrieben, die Identifikation der unterschiedlichsten Schrauben, Schlüssel und Nägel gewissenhaft erledigt. Ich kenne die Resignation, wenn spätestens beim vierten Teil die Schraube auf Nimmerwiedersehen in der dafür nicht vorgesehenen Versenkung verschwindet und die Rückwand nicht auf die anderen Teile paßt. Das ist ein Fall für: Alles auseinander und noch einmal von vorne. Die Bastelanleitung für Selbstbaumöbel ist idiotensicher, im Katalog kann das jedes Kind – das hilft mir wenig, erhöht allerdings die Frustration gewaltig. Ich habe sie, früher oder später, alle bezwungen, KLIPPAN, das Sofa, BJÖRN, den Schrank, KNUTH, den Tisch.

Heute, Jahre nach meinen ersten Selbsterfahrungsversuchen im Selbstbaumöbelgewerbe, beginnen die Schränke zu wackeln, die Schrauben sind locker, und die Scharniere geben ihren Geist auf. Dafür waren die Möbel ja auch billig. Trotzdem bringe ich es nicht übers Herz, mich von ihnen zu trennen, zuviel Schweiß, Zeit und bleibende Erinnerungen stecken in unserer Beziehung. Geheimnisse, die nur ich kenne: Nur ich weiß, welche Schraube gar nicht fest angezogen sein kann, weil ich sie eigenhändig zerschraubt habe; nur ich kenne den Nagel, der absolut schief und verbogen in der Rückwand steckt und das linke untere Eck, an dem die weiße Furnier fehlt (was ich übrigens durch eine dekorative Pflanze geschickt versteckt habe!).

Ich vermute sogar, daß in dieser ganz persönlichen, tiefen Beziehung, die auf diese Weise zwischen Mensch und Möbel hergestellt wird, der Erfolg des Elches liegt.

•

Küchengeheimnis

Wann immer wir, meine Geschwister und ich, nach Hause zu unseren Eltern kommen, ist der hundertprozentig sichere, obwohl nie ausgemachte Treffpunkt – die Küche. Wahrscheinlich ist das noch ein Relikt aus alten Tagen, als die Küche der einzige geheizte Raum in der Wohnung war, es keinen Fernseher gab und sich so die ganze Familie um den Herd sammelte. Und das hat auch etwas für sich. Auch wenn Mama heute die Tiefkühlkost in die Mikrowelle schiebt, auch wenn das Essen heute weit weniger romantisch nicht mehr auf dem Holztisch, sondern auf Kunststoffplatten zubereitet wird – unsere Küche hat trotzdem nichts von der Heimeligkeit alter Tage verloren. Dabei ist sie der kleinste Raum in der Wohnung, und jeder, der nicht selbst kocht, ist hier eigentlich einer zuviel – aber in der Küche macht das nichts aus.

Hier ist man den anderen nahe, hier spürt man sich, hier werden Geschichten erzählt, Töpfe ausgeschleckt, Neuigkeiten ausgetauscht, hier bekommt man mit, was der andere tut und wie es ihm geht. Hier werden Äpfel geschält, Kuchen gebacken, Braten gewürzt. Hier wird Zwiebel geschnitten und auch über anderen Kummer die eine oder andere Träne vergossen. Und während in den Pfannen und Töpfen das Gemüse dünstet und das

Fleisch brutzelt, werden heftige Diskussionen über das Leben, die Liebe im allgemeinen und im speziellen geführt. Der Blick aus dem Küchenfenster öffnet den Blick zur Straße und damit die Möglichkeit, alle wesentlichen Entwicklungen der Nachbarschaft hautnah zu erleben. Wer kommt, wer geht, und vor allem wann, wer sein Auto putzt und den Hund spazierenführt. Tratsch und Klatsch, alltägliche Kleinigkeiten, die sonst unerwähnt blieben, werden von der Küche aus kommentiert und besprochen. Wer die Küche nur als Koch-Werkstatt benutzt und unter „Küchengeheimnis“ nur geheime Kenntnisse der Meister versteht, der weiß nichts vom Zauber und der Kraft dieses Ortes. Hier findet man die wahren Rezepte für alle Lebenslagen, für alle Sorgen und Nöte. Ich mag die Küche, als Kommunikationszentrum, Ort der Wärme, als Reich der Düfte und – als Zufluchtsort.

Ungeziefer

Auch wenn es auf den ersten Blick nicht so scheinen mag – ich zähle zu den Menschen, die in absoluter Dunkelheit Angst haben, die schreckhaft quietschen, wenn eine Maus durchs Zimmer jagt, die Schlangen widerlich finden, die Küchenmotten so gar nichts Freundliches abgewinnen können und sich beim Anblick von Spinnen panisch zurückziehen.

Aber man will sich ja im Leben weiterentwickeln, und dazu gehört es nun einmal, an persönlichen Ängsten und Nöten zu arbeiten. Das geht durchaus auch ohne Therapeut, bei wenig folgenschweren Defekten kann man auch sein frühkindliches Trauma unberücksichtigt lassen.

Es war ein früher Morgen, und an einem solchen bringen Spinnen bekanntlich sprichwörtliche Sorgen. Sie war groß, fett, schwarz, widerlich. Und noch schlimmer: Sie saß direkt neben meiner Toilette, einem Ort also, wo sich unsere Wege zwangsläufig früher oder später kreuzen mußten! Ich war noch etwas verschlafen und vielleicht auch deshalb tapfer wie die steirische Eiche Arnold Schwarzenegger in der Rolle des Last Action Hero. Nach kurzer Atemnot, kindlicher Verzweiflung und dem blitzartigen Gedanken nach effizienten Vernichtungsmaßnahmen folgte DIE Idee: die Versöhnung, liebe deine Feinde! Das steht schon in der Bibel und klingt gut, auch wenn die Umsetzung in die Tat wesentlich schwieriger ist. Der erste Ansatz: Ich beschloß mutig, der Spinne einen Namen zu geben, das macht jedes Problem persönlicher und schafft angeblich Vertrauen. Ruth (nichts gegen Ruth, ich weiß auch nicht warum, aber dieser Name fiel mir zur spontanen Taufe ein) – und siehe da, schon in den nächsten Stunden war sie nicht mehr ganz so schrecklich! Mein Gott, eine Spinne eben, nicht gerade das, was wir schön nennen, aber doch ein Lebewesen, irgendwie ein Wunderwerk der Natur. Fasziniert verfolge ich mittlerweile (wenn auch noch aus sicherer Entfernung) ihre kunstvolle Webarbeit am Spinnennetz, und bei plötzlichen Rückfällen ins Angstvolle kommt es sogar vor, daß ich sie grüße: „Hallo Ruth!" – Wir verstehen uns gut!

Tagebuch

Viele Bekannte von mir haben es. Denn MAN hat es, muß ich mir immer wieder sagen lassen. Klein, flach und schwarz. Gibt man das Wort „Hotel“ ein, dann erscheinen auf einem winzigen, bildschirmähnlichen Glasfensterchen die Namen von mindestens acht Hotels, mit Telefonnummern, Zimmerpreisen und Adressen. Gibt man das heutige Datum ein, liefert das Ding wie von Zauberhand alle Termine des Tages, mit Gesprächspartnern, Telefonnummern und Ortsangaben. Vor solchen Entwicklungen darf man sich einfach nicht verschließen, man muß schließlich mit der Zeit gehen – und die hat ihre eigenen Spielregeln.

Ein elektronisches Tagebuch statt meinem zerfledderten Kalender. Nichts durchgestrichen, alles gespeichert. Keine liebevollen Kringelblumenzeichnungen mehr, um besondere Geburtstage zu markieren. Jetzt läuft alles präzise, ordentlich und nicht mehr verspielt. Hier kann man nachträglich einfügen, ohne zu verzweifeln, daß bei den Buchstaben B und S immer viel zu wenige, dafür bei Q und I viel zu viele Seiten vorgesehen sind. Namen, Adressen, Telefonnummern, Geburtstage, Termine und beliebige Stichworte – all das übernimmt heute das elektronische Tagebuch. Es weckt dich in der Früh und piepst auch sonst, wann immer es soll. Mit Codewörtern kann man dann auch noch die Botschaften verschlüsseln, die man auf diese Art und Weise später selbst nie wieder findet. Triumph der Technik über die Romantik!

Wo sind sie nur, die tintenbeschriebenen, verweinten Seiten mit Gedichten, eingeklebten Kino- und Theaterkarten, gepreßten vierblättrigen Kleeblättern und Blumen! Wohin mit meinen verbleichten Erinnerungsfotos mit eingerissenem Rand, die jetzt lose im Kalender liegen und mich jedesmal, wenn sie herausfallen, erfreuen. Das alles soll ein für allemal vorbei sein? Aber ich halte durch. Wie ein Felsen in dieser Brandung der Autotelefone, Anrufbeantworter, Telefaxgeräte und elektronischen Tagebücher. So lange es irgendwie geht, will ich die Terminplanung, Daten und Erinnerungen in meinem Leben handgeschrieben meistern.

Obwohl, praktisch wär's ja schon ...

Krimskrams

Die ersten Frühlingssonnenstrahlen entlarven die schmutzigen Fensterscheiben, und aus schlechtem Gewissen beginne ich als Ausgleich fürs Fensterputzen wieder einmal Staub zu wischen. Wann hab' ich eigentlich angefangen, all diese Dinge hier zu sammeln und aufzustellen, die ich überhaupt nicht brauchen kann? Statuetten und Tonfiguren, Parfüm-Probefläschchen, ein kleiner Korb mit Seidenveilchen, Kerzen in allen Formen und Farben, eine Marzipanmaus, eine leere Zigarettenschachtel, ein Schokoladenikolo und gleich daneben ein Osterhase, ein Sektkorken, eine vertrocknete Rose, ein Plastikfrosch im Liegestuhl, ein Plüschigel, ein leeres Tintenfaß und ähnliche Staubfänger. Krimskrams.

Dinge, die ich erstens nie kaufen würde und zweitens überall anders ohne Hemmungen wegwerfen könnte. Nur bei mir zu Hause nicht. Denn jede dieser Sinnlosigkeiten erzählt eine Geschichte. Erinnerungen an das Geburtstagsfest, die Silvesternacht, das Abendessen zu zweit, den Skiurlaub. Und da ja die Erinnerung bekanntlich das einzige Paradies ist, aus dem wir nicht vertrieben werden können (J. Paul), schaffe ich mir auf diese Art und Weise viele kleine Paradiese in meiner Wohnung. Schlimm wird es erst dann, wenn ich nicht mehr weiß, wohin mit Neuzugängen. Da ist plötzlich kein Platz mehr, um noch eine Vase, noch eine Figur, noch ein sinnloses, aber herzliches Geschenk abzustellen. Klarer Fall – da muß was weg! Den Topf mit den geschmacklosen Blumen konnte ich noch nie leiden, der Typ, der ihn mir geschenkt hat, war zwar nett, aber wir haben heute kaum Kontakt mehr. Und, ehrlich gesagt, weiß ich nicht mehr, was ich mit einem Sektkorken von einer Silvesterparty 1981 machen soll. Ich kann mich ja nicht einmal an die Party erinnern! Wegwerfen kommt allerdings nicht in Frage. So beginne ich dann von Zeit zu Zeit diese Dinge in Schuhschachteln zu stapeln und verdränge sie in die hintersten Winkel der Regale und Schubladen – dorthin, wo man nie wieder etwas findet, aber weiß, daß man es hat. In meiner gnadenlosen Sentimentalität und menschlichen Rührseligkeit weiß ich, daß sie so gut aufgehoben sind. Für später.

•

Briefe

Wenn ich könnte, wie ich wollte, würde ich ja aufs Telefon verzichten und stattdessen ausschließlich Briefe schreiben. Mein Beruf hat mich allerdings eines besseren belehrt. Jedem Menschen, mit dem ich tagtäglich telefoniere, einen schönen Brief zu schreiben – wie lange das wohl dauern würde? Nicht auszudenken. Es wäre furchtbar. Es wäre großartig. Keine – husch,husch – unverbindlich netten Zeilen. Mit freundlichen Grüßen, herzlichst Deine ... Keine kühlen Geschäftsbriefe. Bezugnehmend auf Ihr Schreiben vom ... Richtige Briefe. Dafür muß man sich hinsetzen, muß sich Zeit nehmen, nachdenken, Gedanken sammeln, mit Worten ringen und um Formulierungen kämpfen und schließlich das zu Papier bringen, was man diesem Menschen schreiben will. Hat man einmal die ersten Zeilen, dann findet die Füllfeder fast allein ihren Weg, dann fallen einem beim Briefeschreiben Sätze ein, die man so nie sagen würde! Briefe haben Bestand und Bedeutung. Briefe zeigen Vertrauen, daß ich das, was ich dir sagen will, auch aufschreibe und dir gebe. Geschichten erzählen, an gemeinsame Abenteuer erinnern, gemeinsame Vorhaben planen, verzweifelte Fragen stellen oder innige Schwüre am Papier zerfließen lassen, all das können nur Briefe.

Telefonieren kann heute bereits jedes Kind. Ein paar Ziffern in ein geheimnisvolles Kästchen tippen, und schon ist man scheinbar mit dem Gegenüber verbunden. So einfach ist das. Briefe schreiben müssen selbst Erwachsene erst wieder lernen. Es ist aus der Mode gekommen, wie alles, das Zeit kostet. Irgendwie lebe ich mit der Illusion, daß die Welt besser wäre, würden Menschen mehr Briefe schreiben. Dabei muß in einem Brief nicht nur Angenehmes stehen, wieviel Schmerz und Leid wurde auf diese Art und Weise von der Post übermittelt! Aber ein richtiger Brief bedarf in jedem Fall Konzentration auf den anderen, Gedanken, Gefühle und Zeit – alles in allem eine Idee von Liebe. Ich weiß nicht, ob es schöner ist, Briefe zu schreiben oder welche zu bekommen. Sicher ist aber, daß man nur dann Briefe bekommt, wenn man auch welche schreibt.

Also dann ...

Christbaumschmuck

Schon seit jeher ist mein allerliebstes Weihnachtsärgernis vollelektrischer Christbaumschmuck für die Nadelbäume im Garten, die Jahr für Jahr den selben Zauber wehrlos über sich ergehen lassen müssen. Wochen vor dem Heiligen Abend setzt das Spektakel ein. Zu dem Zeitpunkt, zu dem auch die Dekorateure in den großen Einkaufsstraßen für den vorweihnachtlichen Wahnsinn rüsten und tausende Lämpchen in Form von Sternen, Christbäumen, Glocken und Weihnachtsmännern den besinnlichen Kaufrausch unterstützen sollen.

Ich hab' zwar sonst viel über für Kitsch und Geschmacklosigkeiten aller Art, aber vor dieser Form der amerikanisierten Besinnlichkeit mach' sogar ich halt. Wenn schon Kitsch, dann richtig – aufblasbare Gummichristbäume mit Kerzen dran, das ist eine faire Alternative. Aber nicht diese sentimental-egoistisch-wetterfeste Vergewaltigung der lebenden Bäume, die haben schließlich auch ihren Stolz! Ich rieche gerne den Duft der Tannennadeln, ich liebe Bäume – solange sie nicht verkabelt und an die Steckdose angeschlossen sind. Ich mag Kerzen aus richtigem Wachs mit Flammen, die in jedem kleinsten Windhauch tanzen. Jetzt braucht bloß noch der Schnee leise zu rieseln, die Kinderlein kommen, und die Stille Nacht ist perfekt! Ich hab' eine rettungslos sentimentale Ader für romantische Gefühlsduselei im Kerzenschimmer. Das pervertierte Gegenteil davon ist Weihnachtsstimmung auf Knopfdruck. Power on, und die Nachbarn werden Augen machen, denn unser Baum strahlt heller, schöner, weihnachtlicher, 100 Watt. Möglichst in allen Farben, pink, grellgelb, grasgrün, blitzblau, 100% Plastik, in der günstigen 24-er Packung in der Weihnachtssonderaktion aus dem Supermarkt. Hauptsache, es glitzert und glänzt ein bißchen in diesen stillen Nächten, das reicht schon aus, um unsere ohnehin nicht verwöhnten Herzen höherschlagen zu lassen.

O Tannenbaum, das hast du nicht verdient, aber in diesem hochmodischen High-Tech-Outfit werd' ich dich friedvoll ignorieren!

Luxus

Wissen Sie eigentlich, daß es zu den schönsten Dingen zählt, nichts zu tun? Genauer gesagt: Nichts „Wichtiges“, nichts, das Geld bringt oder welches kostet, auch nicht Anerkennung und Erfolg. Nichts, das andere von einem wollen, das anstrengend, nervenaufreibend und mühevoll ist. Auch nichts Gescheites, Weises, Lustvolles, Bedeutendes. Für manche Menschen mag das eine alte Erkenntnis sein, auf die ich aber zufällig gestoßen bin, etwasdas ich erst mühsam erlernen mußte, dafür aber umso inniger genieße und hüte wie einen Schatz.

Einfach in der Wiese liegen, ins Grasgrün und Himmelblau eintauchen und zuschauen, wie die Wolken ziehen. Nachzählen, wieviele Punkte ein Marienkäfer hat. Den Duft einer Rose so tief einatmen, daß die Erinnerung daran für immer im Körper bleibt. Über die scheinbar unendlichen Energiereserven eines Glühwürmchens nachdenken und den hoffnungslosen Versuch wagen, seine codierte Zeichensprache verstehen zu wollen. Dem sagenhaften Sommer-Festspielkonzert der Grillen in der abendlichen Dämmerung lauschen. Beobachten, wie der Wind fast lautlos durch die Bäume streicht, die sich dabei ganz weit nach vorne biegen und doch nicht brechen. Fast schadenfroh, aber auch fasziniert, immer fleißige Ameisen hasten zu sehen, die sich solch einen

Müßiggang niemals leisten dürfen. Über den sommerlich-nächtlichen Sternenhimmel staunen, unangekündigte Sternschnuppen auffangen und so großzügig sein, sich dabei nichts zu wünschen.

Solche Momente richtig zu genießen, nicht husch-husch zwischendurch, kein kurzer Blick aus dem Fenster, keine rasante Hetzfahrt über die Autobahn, das Naturerlebnis mit 130 km/h, die Landschaft wird wie eine Bühnenkulisse vorbeigezogen.

Wirklich, intensiv, kompromißlos, fallenlassen, schweben und tief empfinden, ohne warum, wann, wie, wer, wo? – Das ist wahrer Luxus, der mit nichts zu bezahlen ist!

GEHEIMNISSE

•

Heiratsantrag

Ich hab' in meinem bisherigen Leben einen einzigen Heiratsantrag bekommen. Und das war so:

Mein Besuch im Altenpflegeheim war zunächst rein journalistischer Natur. Ich sollte eine Fernsehdiskussion zum Thema „Pflegenotstand" moderieren. Um mich optimal darauf vorzubereiten, wollte ich einige Tage im Altenpflegeheim mitarbeiten, den Hauch einer Idee von der Intensität der Arbeit bekommen, die dort tagtäglich geleistet wird.

Pünktlich um 7 Uhr finde ich mich im Schwesternzimmer ein. Morgendliche Geschäftigkeit, gemeinsames Kaffeetrinken, letzte Besprechungen für den bevorstehenden Tag. Zimmer 5 ist gestern nacht gestorben, Zimmer 8 geht es nicht gut, und 18 bekommt heute Besuch. Einmal im Jahr, heute ist es soweit. Die Schwestern freuen sich darauf, denn um das schlechte Gewissen zu beruhigen, gibt es immer dickes Trinkgeld von den Angehörigen.

Mit ein paar Handgriffen, einem einfachen weißen Mantel wird sehr schnell aus der „Frau vom Fernsehen" „Schwester Barbara" – wie ich in den nächsten Tagen von den Menschen hier genannt werde. Ich habe keine Vorstellung vom Leben im Altersheim, aber jede Menge Respekt und Hochachtung vor der Arbeit des Pflegepersonals. Schon der erste Rundgang durch die Zimmer führt mich in eine Welt, die ich bisher nicht kannte: Zuviel zum Sterben, zuwenig zum Leben. Alte Menschen mit toten Augen, leblosen Körpern, die einfach daliegen und warten, was mit ihnen passiert. Und es passiert das, was jeden Tag passiert: waschen, eincremen, essen, fernsehen oder auch nur einfach geradeaus starren, schlafen. Es ist ein bitteres Gefühl, aus meiner jungen, dynamischen, schnellen, bunten, schönen Welt hierher zu kommen. Der Kontrast macht mir zu schaffen, ich fühle mich schuldig, obwohl ich keine Schuld habe. Betroffen und betrübt schleiche ich durch die Gänge und verfolge geduldig staunend die routinemäßige Arbeit der Pflegerinnen. Schon im dritten Zimmer fordert mich meine „Kollegin" auf, doch einfach zuzupacken, die Morgentoilette der alten Dame zu übernehmen. Ja, einfach zupacken, nicht viel denken, überlegen, zweifeln, zögern – hier muß man es einfach tun!

Die Dame in Zimmer 3 hat beide Beine amputiert. Sie mustert mich – die Neue – skeptisch, beschließt aber dann doch – mit einem leisen Lächeln, das ich glaube auf ihren Lippen zu entdecken – mir ihren Körper anzuvertrauen. Vorsichtig und unbeholfen beginne ich, ihr weißes Nachthemd auszuziehen. Wie ein neugeborenes Kind liegt sie vor mir, hilflos, nackt, auf mich angewiesen – sie hat mit dieser für sie bekannten Situation eindeutig weniger Probleme als ich. Unbeholfen, aber bemüht beginne ich sie mit dem Waschlappen zu waschen, zuerst das Gesicht, den Hals, ganz leicht streiche ich über diese faltige Landschaft, die mir stumm Geschichten aus 80 Jahren erzählt. Die Berührung der Arme, der Hände, das ist noch einfach, doch ich weiß, daß ich jetzt nicht mehr auskommen kann. Keine Sekunde müßte ich zögern, ein kleines Kind rundum zu waschen, aber eine alte Frau? Was ist hier in all den Jahren passiert, warum muß ein Leben einen Körper so zurichten? Mit jedem Auswinden des Lappens wird mir klarer, daß für diese Frau Scham, die Wahrung der Intimsphäre ihres Körpers zu weit entfernten, lang zurückliegenden Erinnerungen zählen. Sie sträubt sich nicht mehr gegen ihr Schicksal, ruhig und stark scheint sie zu akzeptieren, was mit ihr passiert. So wie sie ihre Situation angenommen hat, lasse auch ich mich in diese Arbeit fallen. Angst und Überwindung schwinden, selbstverständlicher und selbstsicherer nähere ich mich dem Ziel: dem Waschen und Eincremen der Beinstümpfe, deren nackter Anblick mich betroffen macht. Sie bemerkt meine Unsicherheit, meine Angst und hilft mir mit einem „Sie sind neu hier, oder?“ über meine Hemmungen hinweg. Sie sagt es anerkennend, motivierend, so als läge in meiner Art der Körperwäsche noch besondere Sensibilität, besondere Hingabe, eine besondere Auseinandersetzung mit diesem Körper, ihrem Körper, die alle anderen Pfleger wohl schon längst abgelegt haben. Hier darf man nicht zögern, hier muß man es tun. Es geht dann auch alles wie von selbst, ganz einfach. Ich begreife und fühle, daß Achtung gegenüber einem Menschen nichts, aber schon gar nichts mit falscher Scham, mit körperlicher Distanz und Bedecktheit zu tun hat. Wieviel Respekt habe ich vor dieser Frau, die mit soviel Würde und Stolz vor mir liegt! Ich pflege sie, als wäre es für mich das Selbstverständlichste auf der Welt, als hätte ich das schon tausende Male getan. Ich wasche und creme die Beinstümpfe vorsichtig, fast zärtlich – von dem tragischen Unfall, der dazu geführt hat, erfahre ich erst viel später. Ich bin an dieser Aufgabe gewachsen, ich fühle mich stolz, aber auch einfach erleichtert, nicht gescheitert zu sein. Man darf hier nicht zögern. Die Morgentoilette ist erledigt, nun soll ich einen alten Mann aus Zimmer 12 in einen Rollstuhl verfrachten und zum Fenster stellen. „Dort steht er dann den ganzen Tag", wird mir mitgeteilt, „starrt aus dem Fenster, bis er wieder ins Zimmer gebracht wird." Josef ist kein alter Mann, der Charme eines Lausbuben blinzelt aus seinen Augen, auch wenn der Körper keine Spur von Jugendlichkeit übriggelassen hat. Er ist 90 Jahre, Kriegsinvalide und äußerst erfreut, hier ein neues Gesicht zu sehen. Ich ahne, was auf mich zukommen wird, er hat in mir ein neues, unverbrauchtes Opfer gefunden, dem er seine Geschichte erzählen kann, die hier schon lange kein anderer mehr hören will. Josef erzählt mir von damals und von noch viel früher, er erzählt vom Krieg, von Freunden, die er verloren hat. Er erzählt von Reisen und Abenteuern, aber was er erzählt, ist wohl nicht so wichtig wie die Tatsache, daß er erzählen kann und ihm auch tatsächlich jemand zuhört! Ich habe für wenige Augenblicke das Gefühl, daß an diesem Nachmittag Leben in sein Gesicht zurückgekehrt ist, und wenn ich ein kleines bißchen dazu beigetragen habe, dann macht mich das noch nachträglich sehr glücklich. Es war 17 Uhr, ich weiß es noch ganz genau, denn ich sollte Josef in den Speisesaal zum Abendessen bringen und dann meinen Dienst beenden. Plötzlich nimmt er meine Hand, hält sie fest und schaut mir tief in die Augen. Sentimentale Regung eines alten Mannes, denke ich spontan, doch es kommt anders. „Schwester Barbara", sagt er kurzentschlossen, und ich spüre, wieviel Mut und Überwindung es ihn kostet, „wollen Sie meine Frau werden?" Fassungslos starre ich den alten Mann an, der mir mit seinen 90 Jahren soeben einen Heiratsantrag gemacht hat.

Eigentlich will ich lachen, doch ich sehe in seinen Augen keine Spur eines versteckten, verschmitzten Scherzes. Noch bevor er meine Antwort abwartet, die er wohl kennt, setzt er fort: „Ich habe einmal in meinen Leben eine Frau zu spät um ihre Hand gebeten. Sie war Krankenschwester, und es war die Traumfrau meines Lebens. Ich hatte einfach nicht den Mut, sie zu fragen, ob sie meine Frau werden wollte. Ich hatte nicht den Mut, ihr meine tiefe Liebe zu offenbaren. Ich zögerte solange, bis ein anderer sie geheiratet hat. Wissen Sie, das ist der einzige Fehler in meinem Leben, den ich mir bis heute nicht verzeihen kann. Sie haben mich an sie erinnert. Entschuldigung, Schwester Barbara, bringen Sie mich jetzt zum Essen?"

Das Telefon in Liebesangelegenheiten

Im Prinzip hasse ich Telefone. Wenn ich könnte, wie ich wollte, würde ich einen Großteil der alltäglichen Telefonate durch Briefe ersetzen. Aber wer kann schon, wie er will.

Bei einer wesentlichen Ausnahme schätze aber auch ich diese folgenschwere Erfindung des Telefons: bei Notfällen, und dazu zählen Liebesangelegenheiten allemal!

Jeder kennt diese Situation: Es ist spät in der Nacht, das Herz ist soeben in eintausendneunhundertdreiundzwanzig Scherben zerbrochen, mindestens. Liebeskummer heißt der Notfall, die dringende Kurzwahl ist nicht Rettung, Polizei oder Feuerwehr, sondern die Telefonnummer der besten Freundin. Die kann ich auch um vier Uhr früh anrufen, hat sie immer gesagt, auch wenn sie es nie so gemeint hat. Die Leitung ist nicht besetzt, kein Wunder, um diese Uhrzeit telefonieren auch nur alkoholisierte Nachtschwärmer, mondsüchtige Schlafwandler und liebeskranke Frauen. Es läutet viermal, fünfmal, endlich, sie hebt ab! „Hab' ich dich aufgeweckt?" frage ich mit tränenerstickter Stimme, das Herz noch immer so schwer von all den Scherben. Diese natürlich rein rhetorische Frage beantwortet sie mit einem verschlafenen „Wie kommst du auf diese Idee, um vier Uhr früh, da telefoniere ich doch immer!" Gut, sie ist wach oder zumindest aufnahmefähig. Sie wird mir zuhören und alles durchdiskutieren. Bereits an meiner Stimme weiß sie, was los ist, ein paar angedeutete Fragen reichen zur dramatischen Bestätigung. „Er ... hat?" – „Ja, aus und vorbei. Diesmal endgültig." – „Na endlich!" tönt es am Ende der Leitung, und das ist natürlich genau das, was ich in dieser Situation nicht hören will. Sie soll doch sagen: Der kommt wieder, das wird alles wieder gut, sie soll doch per Telefon die Scherben kitten, die Tränen trocknen. Ein schlichtes „Na endlich". Nein, so einfach mache ich es ihr nicht, das muß diskutiert werden. „Aber vielleicht könnte ich ja morgen, ... nein, ich werde ihn nicht anrufen, soll er doch leiden!" Stille am anderen Ende der Leitung. Sie ist nicht wieder eingeschlafen, sie kennt diese Telefongespräche nur allzugut und weiß, daß es wichtiger ist, zuzuhören, als wesentliche Diskussionsbeiträge zu spenden. „Du tust so, als wäre dir das total egal!" pfauche ich munter ins Telefon. „Nein, ist es nicht, es ist bloß vier Uhr früh, und wir könnten das auch morgen besprechen. Die Höhe unserer Telefonrechnung in Liebesangelegenheiten ist der Typ nie und nimmer wert!" Ich glaub', ich höre nicht recht, mokiert sich meine beste Freundin über Telefonrechnungen, die ohnehin ich bezahle, und spricht abwertend über den Mann, an dem ich seit Monaten leide! „Du tust so, als wäre er nicht nett, er hat dir doch auch gefallen", versuche ich seine Qualitäten wieder ins Spiel zu bringen. „Klar ist er nett, aber er ist ein Arschloch, und das könntest du endlich begreifen!" Das muß ich mir nicht sagen lassen, nicht um vier Uhr früh mit Herzschmerzen, Liebeskummer und schon gar nicht von meiner besten Freundin. „Du bist ja gar nicht wach, du sprichst im Tiefschlaf, das ist das einzige, was dich entschuldigt!" beleidige ich jetzt auch sie noch, wohlwissend, daß sie natürlich recht hat. Aber darum geht's jetzt nicht. Ich will doch in meinem Schmerz hören, daß er auf dem Schimmel geritten kommen wird, mich in die Arme schließen wird, und glücklich werden wir dann gemeinsam steinalt ... Ich will getröstet und belogen werden, die Wahrheit, die kann bis morgen warten. Aber sie läßt nicht locker. Gut, ich hab' sie aufgeweckt um vier Uhr früh, und das schon öfters in letzter Zeit. Für wahre Freundschaft kann das doch wohl kein Thema sein!? „Ich glaube, dir ist dein Schlaf wichtiger als mein Seelenleben, dafür sind Freunde da!" schmettere ich ins Telefon. Klick, der Hörer fällt in die Gabel. In den wirklich schweren Stunden im Leben ist man halt doch allein. Schneuze mich noch einmal ins tränendurchnäßte Taschentuch, schalte die Lampe am Nachtkästchen aus und denke an ihn. Schon wenige Sekunden später kündigt das Klicken in der Telefonleitung ein Telefonat an. Er oder sie? Lieber Gott, laß es ihn sein! Es läutet. Gefaßt und siegessicher, putzmunter, so als wäre nichts passiert, hebe ich ab. Es ist natürlich sie. Nur die beste Freundin macht sich tatsächlich Gedanken über mein Seelenheil, der Schuft natürlich nicht. „Ich hab's nicht so gemeint", kommt es von weither – so, jetzt habe ich sie wieder auf meiner Seite. „Ist schon o.k.!" ... Diese Geschichte könnte ich noch lange fortsetzen, denn bei solchen Telefonaten werden die Nächte sehr, sehr lang. Die Post freut sich, wenn ich am meisten leide! Es gab Zeiten in meinem Leben, da haben solche Telefonate täglich stattgefunden. Und ich versichere Ihnen, ich weiß, was man dann am meisten braucht und schätzt: Die beste Freundin und – das Telefon, diese in gewisser Weise geniale Erfindung!

Wieder zu Hause

Es zählt zu den schönsten Gefühlen im Leben, am Flughafen abgeholt zu werden. Dieses „Da ist jemand, der auf mich wartet“, das tief in mir schlummert, meldet sich spätestens bei jeder Landung. Es war wieder einer dieser Anflüge auf Wien, auf zu Hause.

„Fasten your seat belts and bring your seat to an upright position. Landing in one minute. Captain Müller and his crew say good bye to you now. Have a nice time in Vienna – thank you for flying Lufthansa ...“ Noch bevor die Triebwerke abgestellt sind, rieseln die ersten Takte Donauwalzer aus den Lautsprechern. Endlich wieder zu Hause. Das Flugzeug ruckelt über die Piste, bevor es endgültig zum Stillstand kommt. Die grauen Männer unter den Passagieren bekommen jetzt den eiligen Blick. Schnell wird alles zusammengepackt, was es an Bord gratis gab. Die 2-cl-Weinflasche, das zerbröselte Keks, das Erfrischungstüchlein, alles findet Platz im seriösen Lederaktenkoffer. Ich lasse ihnen den Vorrang. Sollen sie doch die ersten sein, die das Flugzeug verlassen. Nur zu gut weiß ich, daß sie spätestens im Bus auf mich warten werden, der uns alle zur Ankunftshalle bringt. Die letzten werden die ersten sein! Ein eisiger Wind bläst über das Rollfeld. Irgendwie bläst immer ein eisiger Wind über das Rollfeld.

Wer könnte mich heute abholen? Der verflossene Liebhaber, der diese stille Sehnsucht von mir kennt? Meine Geschwister, Eltern, Freunde, Arbeitskollegen – ganz egal, es wäre einfach schön, wenn irgendeiner dastehen würde! Noch am Weg zur Paßkontrolle sehe ich in Gedanken jeden von ihnen in der Halle stehen, mit freudigem Blick und geduldiger Miene auf mich wartend. Über die große Auswahl muß ich selbst leise lächeln.

Nein, es wird natürlich keiner da sein. Niemand weiß, daß ich jetzt nach Hause komme, und schließlich wartet mein eigenes Auto in der Parkgarage. Welches Parkdeck war es denn diesmal? 813, nein, das war vor zwei Wochen. 400 und noch etwas. Ich werde das Auto schon finden, alles nur eine Frage der Zeit. Hoffentlich springt es an, und der Tank war auch fast leer, erinnere ich mich dunkel an meinen Abflug.

15 Minuten warte ich nun schon auf meinen Koffer, es könnten auch 15 Stunden sein, in diesem Zustand dumpfer Müdigkeit beginnt die Zeit zu fließen. Da ist mein Reisegepäck in all den Jahren Wien-Frankfurt-Wien, endlich. Ein kleines Häuflein schwarze Reisetasche, die zwischen all den wichtigen Metallboxen und Profi-Reise-Cases winzig und arm wirkt. Und noch immer ist die Hoffnung auf einen Abholer da. Ich weiß mit absoluter Sicherheit, daß keiner da sein wird, ja gar keiner da sein kann, der auf mich wartet – trotzdem blicke ich beim Betreten der Wartehalle suchend durch die Menschenmasse. Es könnte ja doch sein, und es wär' so schön ...

Kleine Kinder, genervte Mütter, die auf den Vater warten, der auf Dienstreise war oder sonstwo. Schon etwas ältere Ehepaare, für die die Reise zum Flughafen eines der seltenen Abenteuer geworden ist. Sie holen ihre gerade flügge gewordenen Kinder ab, die irgendwo sehr weit weg waren. Mexico, Malediven, Südafrika. Rote Rosen, winselnde Hunde, Freudentränen. Die Wartehalle am Flughafen – ein Hort von Fernweh und Heimweh, von Abschied und Wiederkehr. Jetzt kommt jemand, der dich in die Arme schließt, dir einen leichten Kuß auf die vom kalten Wind am Rollfeld gefühllos gefrorene Wange gibt: „Schön, daß du wieder da bist!"

„Schön, daß du wieder da bist", flüstere ich mir selbst zu, schiebe dem Parkgaragen-Kassier die gewohnten 309 Schilling durch den Glasschlitz und finde auch das Auto. 429 war der Platz, es startet trotz Kälte, und das Benzin reicht auch bis nach Hause. Die Wohnung ist kalt, und trotzdem vermittelt sie mir die Geborgenheit, die es sonst nirgendwo gibt. Die Blumen dürsten nach Wasser, und die Zeitung mit dem Datum von vor einer Woche liegt noch ganz genauso da. Aufgeschlagen auf Seite 3 wartet sie darauf, weitergelesen zu werden. Wen interessiert heute noch, was vor einer Woche war?! Ab zum Altpapier.

Der Telefonanrufbeantworter, dieses elektronische Zauberding, zu dem ich mich nach jahrelangem inneren Kampf doch habe hinreißen lassen, meldet pflichtbewußt 13 Anrufe der letzten Woche. Will ich die heute noch hören? Während ich meine Reisetasche auspacke, spult das Gerät mit den vielen geheimnisvollen Geräuschen die Kassette zum Anfang. Susi braucht mich als Babysitter – das ist jetzt wohl zu spät, Geschäftstermine, Freundinnen, die sich nach meinem Verbleib erkundigen, Rückruf-Bitten etc. ... und während ich müde, aber glücklich (ich bin immer glücklich, wenn ich nach Hause komme) unter die kalte Bettdecke krieche, vernehme ich am Anrufbeantworter eine vertraute, wenn auch lange nicht mehr gehörte Stimme: „Ruf' mich doch an und sag' mir, wann du zurückkommst, dann hol' ich dich vom Flughafen ab!" Ich weiß, warum ich Anrufbeantworter nicht mag.

•

Gemeinsam einsam

(Zwei Menschen, die sich niemals kennengelernt haben)

SIE: „Soll ich ihn anrufen?“ Seit Stunden schon kreisen alle meine Gedanken um diese Frage. Was würde ich dann sagen, wenn er am Apparat ist? „Du, hast du Lust, auf einen Kaffee mit mir zu gehen?“ Nein, das ist zu einfach. Vielleicht doch besser Berufliches vorschieben. „Laß uns über ein Projekt reden, ich brauch’ dringend deinen Rat ...“ Blödsinn, keine Spur brauche ich seinen Rat. Direkter, gleich aufs Ganze gehen. „Hast du schon etwas vor heute abend – nein – gut, dann hast du jetzt etwas vor!“ Aber soweit kommt es ja gar nicht. Wie eine Katze den heißen Brei umschleiche ich das Telefon. Wenn ich ihn anrufe, könnte er ja denken, daß ich etwas will von ihm. Will ich ja auch, aber er soll es ja nicht merken. Ich möchte ihn doch nur anregen, etwas von mir zu wollen. Außerdem bin ich in der Frage des Kennenlernens altmodisch. Ich will umworben und erobert werden. Die Zeiten, wo wir emanzipierten Frauen die Sache selbst in die Hand genommen haben, sind längst wieder vorbei. Soll er doch anrufen!

O.K., ich will nicht so stur sein, ich laß’ einfach das Schicksal entscheiden! Wenn eines der drei nächsten Autos, die jetzt an meinem Fenster vorbeifahren, rot ist, dann soll ich anrufen. Ein Zeichen des Himmels.

Opel Kadett, weiß. BMW 535, dunkelblau. VW Käfer, orange.

Scheiße.

Obwohl, orange ist ja auch irgendwie rot. Man darf das nicht so eng sehen. Also, ich soll ihn anrufen. Jetzt nur nicht nachdenken, schnell zum Telefon und die Nummer wählen. Es ist 23 Uhr 25, es ist besetzt. Das ist – einerseits – ein gutes Zeichen. Er ist zu Hause. Aber – andererseits – mit wem telefoniert er? Mit seiner Mutter, dem besten Freund, Kollegen, oder hat er eine Freundin? Ganz klar, da gibt es eine Frau, das ist ganz typisch, wenn um diese Uhrzeit die Telefonleitung besetzt ist. Hätt' ich nur nicht angerufen, dann hätte ich mir diese Enttäuschung erspart!

ER: „Soll ich sie anrufen?" Irgendwie gefällt sie mir ja, eine tolle Frau, aber wenn ich sie jetzt einfach anrufe, am Abend, das würde sie bestimmt zu aufdringlich finden. Wahrscheinlich ist sie ja gar nicht zu Hause, oder sie schläft schon. Dann ist ja doch bloß der Anrufbeantworter dran ... Sie können eine Nachricht hinterlassen, sprechen Sie bitte nach dem Pfeifton ... piep ... nein, so etwas muß man schon persönlich regeln. Ich würde auf unverbindlich, zufällig machen. „Ich hab' gerade in meinem Telefonbuch geblättert und bin bei deiner Nummer hängengeblieben." Das glaubt die mir nie. Vielleicht doch besser auf männlich, verführerisch. „Du, ich kenne da ein sehr romantisches Restaurant ..." Das findet sie bestimmt widerlich. Oder der Naive, Altmodische? „Darf ich dir meine Briefmarkensammlung zeigen?“ Diese Frau ist anders, das ist eine der Starken, Selbständigen, die wartet nicht darauf, von einem wie mir angerufen zu werden. Die weiß doch, was sie will, und geht geradewegs auf ihr Ziel zu. Die hätte mich schon längst angerufen! Hat sie nicht, also hat sie kein Interesse an mir. Aber ich kann ja einfach das Schicksal entscheiden lassen. Das ist fair und objektiv, da sind keine hinderlichen Emotionen und Stolz im Spiel.

Wenn sich in meiner Vorratskammer noch ein Apfel befindet, dann soll ich sie anrufen. Wink des Schicksals! Kein Apfel, dafür zwei Birnen, verfault, uralt, nicht mehr eßbar. Aber Birnen, das ist ja im Prinzip wie Äpfel, also Obst. Ich soll sie anrufen. Nicht nachdenken, zweifeln, überlegen, die Entscheidungen des Schicksals muß man gefaßt entgegennehmen und standhaft bewältigen. Schnell zum Telefon, die Nummer wählen, mir wird dann schon einfallen, was ich sage. Es ist 23 Uhr 25, es ist besetzt. Sie ist zu Hause. Aber mit wem telefoniert sie um diese Uhrzeit? Mit ihrer Mutter, ihrer Freundin, Kollegen, oder – gibt es da bereits einen Mann in ihrem Leben? Logisch, die telefoniert gerade mit ihrem Freund, das ist nahezu klassisch um diese Uhrzeit. Der flötet ihr jetzt bestimmt irgendetwas durchs Telefon. Hätt' ich nur nicht angerufen, dann hätte ich mir diese Enttäuschung erspart!

Rote Rosen

All das, was ich mir vom Leben vorgestellt habe, ist gerade wie eine Seifenblase zerplatzt. Einfach so, wenn die Spannung, die dieses wundersame Gebilde zusammenhält und schweben läßt, zu groß wird und sich in Nichts auflöst. Mein Freund erklärt mir, daß ich doch nicht die Richtige für ihn bin, beruflich ist so gar nicht klar, wie es weitergehen soll. Ich also verlassen, einsam, traurig und leer. Mit Flugzeugen im Bauch, Tränen in den Augen und der Wehmut, die man nur dann empfinden kann, wenn man sich selbst am meisten bemitleidet.

Und in dieser grandiosen Stimmung werde ich die nächsten zwei Wochen im Gefängnis verbringen, bei Dreharbeiten für eine Dokumentation über das Leben einer jungen Frau hinter Gittern. Ich habe mich entschlossen, drinnen zu bleiben, um wenigstens ein bißchen von dem zu begreifen, was es heißt, im Knast zu sein. Das heißt: Ich wollte drinnen bleiben – zu einem Zeitpunkt, an dem die Welt für mich noch in Ordnung und der Film in Planung war – jetzt will ich es natürlich nicht mehr. Am liebsten würde ich davonlaufen, ganz weit weg, dorthin, wo ich mit meiner Traurigkeit und meinem Schmerz allein bin. Jetzt ins Gefängnis, das werde ich nie und nimmer durchstehen, ich will keine Extremsituationen wagen, wenn die Seele ohnehin schon am Zerplatzen ist! Doch es gibt kein Zurück mehr. Das Team ist bestellt, die Dreharbeiten sind genau vorbereitet, eine Absage kommt nicht in Frage.

Die schwere Eingangstüre fällt ins Schloß. Dann langes Warten. Ich bemerke, wie hier die Zeit beginnt, langsamer zu laufen. Es dauert Minuten, bis die Vollzugsbeamtin mit dem Schlüssel für die nächste Türe kommt. Ohne Schlüssel geht hier gar nichts. Er ist immer zu hören, ständig präsent, das Symbol derjenigen, die die Macht haben. Der Schlüssel gibt hier das Tempo vor, ein Tempo, an das ich mich nur schwer gewöhnen kann. Aber ich bin ohnehin noch nicht bereit, irgendetwas von dieser Atmosphäre aufzunehmen. Wie im Traum gehe ich über lange Gänge, nur verschwommen erkenne ich leere Gesichter mit großen, müden Augen.

Ich bin verschlossen und in mich gekehrt. Nur meine Sorgen zählen im Moment, nur mein Kummer hat Gewicht. Die Vollzugsbeamtin, die hier mein Ansprechpartner für die Dauer der Dreharbeiten ist, bringt mich zu „meiner" Zelle. Den Großteil des Tages verbringen die Frauen hier, „auf Hütte", wie sie es nennen. Ungefähr sechs Quadratmeter groß, inklusive Toilette. In der Kleiderkammer bekomme ich Bettwäsche, Handtuch, Nachthemd und beziehe die untere Hälfte des Stockbettes. Über mir: Evelyn, eine zierliche Frau mit auffallend großen Augen. Um an das Geld für Drogen zu kommen, hat sie gestohlen. Allerdings nicht zum erstenmal. Vier Jahre heißt das Urteil, bei guter Führung kommt sie früher raus. Das ist sie also, die Frau, der in den nächsten Tagen mein Interesse gelten soll. Die Vertrauen zu mir finden soll, die bereit ist, ihre Situation und ihr Leben vor Millionen Menschen im Fernsehen auszubreiten. Ohne sie danach zu fragen, erzählt sie mir spontan von ihrer Tat, alle Einzelheiten. Ich höre ihr zu, ohne ihr jedoch wirklich zu folgen. Sie versucht sich immer wieder und wieder zu rechtfertigen, wo es nichts zu entschuldigen, aber viel zu verstehen gibt. Sie wollte eigentlich nicht mehr, aber ... und dann hat sie ... Gesprächsfetzen fliegen an mir vorbei, ich merke, daß ich mit meinen Gedanken ganz wo anders und weit weg bin. Ja, von Schmerzen spricht die Frau, von blauen Flecken, wie ich sie doch auch auf der Seele spüre! Ob wohl vor mir schon jemand in Selbstmitleid ertrunken ist?

Evelyn hört nicht auf zu erzählen von ihrem Leben, von einer Welt, von der ich viel gehört, aber noch nichts begriffen habe. Meiner Welt soweit entfernt, daß es bisher auch keine Berührungspunkte gab. Vier Jahre muß sie absitzen. „Ob es für Zeit-Totschlagen auch eine Strafe gibt?“ überlege ich kurz, versinke aber schnell wieder in meinem eigenen Unglück, das beginnt, sich hier langsam auszubreiten. Erst als mir eine Träne über die Wange läuft, hält Evelyn mit ihren Erzählungen inne. Zuerst glaubt sie, daß diese Träne ihrem Schicksal gilt, doch das Mißverständnis ist schnell geklärt. „Ach ja, Liebeskummer“, seufzt sie und atmet damit tief lange zurückliegende Erinnerungen ein. Nun wird mir diese absurde Situation erst so richtig bewußt. Ich mit meinem Liebeskummer sitze im Gefängnis gegenüber dieser Frau, die wirkliche Sorgen hat. Mehr noch, sie tröstet mich, widmet sich meiner sentimentalen Wehleidigkeit, als wäre ich diejenige, die vom Schicksal am härtesten geprüft wurde.

21 Uhr 00, Einschluß. Leise Stimmen, Schritte am Gang, das immerwiederkehrende Klingeln des Schlüssels, dann Stille. Ein komisches Gefühl, wenn die Türe nicht mehr aufgeht. Ich bin jetzt allein mit Evelyn, die eine Zigarette nach der anderen raucht. Die ganze Nacht. Manchmal wacht sie auf und dreht sich noch eine. Ich muß aufs Klo. Es ist ein sehr eigenartiges Gefühl, vor den Augen eines anderen Menschen zur Toilette zu gehen. „Ich schau' schon weg", kommentiert Evelyn trocken die ihr wohlbekannte Situation, „daran kann sich hier niemand gewöhnen, aber wenn du dein Schamgefühl erst einmal bezwungen hast, dann hast du auch begriffen, daß du hier nur mehr eine Nummer bist." Von draußen scheint der „Knastmond" – die Innenhofbeleuchtung – herein und projiziert die Gitterstäbe, die vor dem Fenster sind, überdimensional an die gegenüberliegende Wand. Hier kann man wohl nie vergessen, daß man hinter Gittern ist.

Wir reden die ganze Nacht, ich erzähle ihr von meiner verflossenen Liebe – sie hört geduldig zu, während ich in meinen Kopfpolster schluchze. „Vergiß es", sagt Evelyn so bestimmt und nüchtern, als wäre sie hier die

Therapeutin in einer Selbsthilfegruppe. „Weißt du, hier drinnen hab' ich gelernt, für den Augenblick zu leben. Draußen, da wirst du doch ständig danach bemessen, wie dein bisheriges Leben gelaufen ist, und was du in den nächsten Jahren vor hast. Hier denke ich nicht mehr an gestern, denn das tut weh. Und nicht an morgen, denn das ist vier Jahre entfernt. Es zählt doch nur, wie es dir jetzt geht, in diesem Augenblick." Gefängnisweisheit.

Nach und nach beginne ich, meine „Luxus-Sorgen" loszulassen, mich meiner Arbeit und dieser Frau zu widmen. Während sich Evelyn die Hände wäscht, erkenne ich hunderte Narben an ihren beiden Unterarmen. Mein schockierter Blick muß mich wohl verraten haben, mit einer hastigen Bewegung streift sie den Ärmel sofort wieder hinunter. Soll ich sie darauf ansprechen oder noch warten? Doch sie kommt mir zuvor. „Manchmal halte ich das Eingesperrtsein einfach nicht mehr aus", beginnt sie zu erzählen. Von Zeit zu Zeit richtet sich ihre aufgestaute Energie gegen sich selbst. Sie zerlegt dann das ohnehin notdürftige Inventar der Zelle, rennt mit dem Kopf gegen die Wand, „schnippelt" an sich herum, wie sie es nennt. Sie wollte sich dabei noch nie umbringen, sie will nur um Hilfe schreien. Hiiiiiilfe! – eine Narbe. Hiiiiiiiilfe! – noch eine Narbe. Hiiiiiiiiiiiiiiiiilfe! Tausende Narben. Alles, was sie will: von ihren Eltern nach diesen Narben und ihrer Ursache gefragt werden. Einmal nur will sie mit ihren Eltern über die Narben auf ihrer Seele sprechen. Und genau das ist noch nie passiert. Ihre Mutter, ihr Vater, ihre Geschwister, sie kommen einmal im Monat zu Besuch, doch keiner hat je danach gefragt, obwohl Evelyn bei diesen Besuchen absichtlich betont kurzärmelige T-Shirts trägt. Und selbst hat sie noch nie den Mut gehabt, den ersten Schritt zu setzen. „Die Drogen, die nehm' ich wegen der Narben!" beendet sie nüchtern dieses Kapitel.

6 Uhr Wecken. Evelyn wird den Vormittag im Plastikbetrieb verbringen, jeweils zwei zusammengeschweißte Plastikteile für die Autoindustrie müssen da getrennt werden, die roten runden Teile kommen in den großen Karton, die weißen viereckigen in den kleinen, acht Stunden lang.

An der Gefängnispforte, wo ich mich mit dem Kameramann treffe, um die bevorstehenden Interviews zu besprechen und von meiner ersten Nacht im Gefängnis zu erzählen, erwartet mich bereits ein aufgeregter Pförtner. Es wurde etwas für mich abgegeben. Es ist nicht irgendetwas, es ist ein Strauß roter Rosen. Vom schmachtenden Ex-Lover, der seinen Entschluß, mich zu verabschieden, inzwischen bereut hat. Rote Rosen im Gefängnis. Die Frauen schauen mich an, als hätten sie so etwas noch nie gesehen. Haben sie auch nicht, jedenfalls nicht hier. Am liebsten wäre ich auf meinem Weg zurück in die Zelle mitsamt meinen Rosen im Erdboden versunken. Aber es gibt Situationen im Leben, die sind so peinlich, daß man schon wieder Kraft daraus schöpfen kann. „Wer den Schaden hat, braucht für den Spott nicht zu sorgen", erinnere ich mich an ein altes Sprichwort, und entschließe mich, jetzt aufs Ganze zu gehen. Der Strauß wird direkt am Gang vor unserer Zelle plaziert und erregt tatsächlich Aufmerksamkeit. Die Hintergründe werden rasch zum amüsanten Gesprächsthema, meine Lovestory samt Rosen und Gefängnis bringen Abwechslung. Das anfängliche Mißtrauen der Frauen mir gegenüber weicht einer Mischung aus Neugier und Verwunderung. Sie bleiben stehen und reden mit mir, in einer einfachen, sehr direkten Sprache, die ich erst beginne zu verstehen, als ich endlich meine Welt und meine Probleme losgelassen habe und mich auf diese Frauen und ihr Leben einlasse. Wie tut es gut, in gesunder Distanz zu mir selbst, vermeintlich wichtigen Dingen im Leben ihren richtigen Stellenwert zuzuordnen!

Schließlich bieten sie mir sogar ihren Kaffee, ihren Zucker, ihren Tabak an – ich bin „akzeptiert". Ein gutes Gefühl. Kaffee, Tabak und Zucker sind hier die wichtigsten Lebensmittel. Vor allem Zucker. Bis zu drei Kilogramm im Monat, in Kaffee gerührt oder einfach löffelweise gegessen – Zucker gibt es hier immer zu wenig. Die Wochenration an Marmelade ist meist schon zu Beginn der Woche verspeist. Zucker statt Liebe. Eine glatte Rechnung.

Meine Fleurop-Story schafft ungeahntest Vertrauen. „Die ist o.k.", gibt die Chefin der Etage das Motto aus. Ich begreife nun auch die Hierarchie, die es hier im Gefängnis unter den Insassinnen gibt, den Gedanken, was wohl passiert wäre, hätte sie mich für „nicht o.k."

befunden, schiebe ich kurzentschlossen unerledigt beiseite.

Von meinen bisherigen Vorstellungen von einem Gefängnis, als Ort der Reue und Läuterung, nehme ich sehr schnell Abschied. Meine festen moralischen Wertvorstellungen sind längst ins Wanken gekommen, mit hobby-pädagogischen Tips halte ich mich zurück. „Gerechtigkeit? – Die gibt es nicht. Das einzige, was du hier lernst: Du stellst dich nächstes Mal gescheiter an, wirst nicht mehr so schnell erwischt!" Tricks werden ausgetauscht und weitergegeben, ich erfahre, wie man, ohne einen einzigen Kratzer zu hinterlassen, ausgerüstet lediglich mit einem Tischtennisball, ein Auto aufbricht. Und ich erlebe hautnah den Teufelskreis und die Ausweglosigkeit, die für die meisten ihre Drogensucht bedeutet. Drei Viertel aller Frauen sind wegen „Drogenkriminalität" hier, wie das in der Amtssprache heißt. Alles, was sie wollen: den nächsten Schuß. Es ist auch absolut kein Problem, an Gift zu kommen. Heute gibt es welches. Das weiß jeder. Auch die Beamten. Aber was sollen sie denn tun? Solange die Frauen „breit" sind, sind sie wenigstens friedlich. Was sonst so abläuft, um an Drogen zu kommen, das müssen sich die Frauen selbst ausmachen. Gewalt ist hier kein Fremdwort – die Zellentür wird von innen zugehalten, bis sie mit dem Stoff rausrückt, zwei gegen eine, egal, wenn nötig, wird nachgeholfen. Hier ist jeder sich selbst der Nächste. Mit dem finanziellen Aufwand, der mit Drogen verbunden ist, verschulden sie sich auch schon für die folgende

Zeit draußen. Denn dort wird „angeschrieben", die Rechnung läuft. So haben sich viele von ihnen auch schon damit abgefunden, bald nach ihrer Entlassung wieder „einzufliegen". Ein Ausbrechen aus dieser teuflischen Situation? Die Probleme, die sie schon draußen zu Drogen greifen ließen, sind hier nicht kleiner. Im Gegenteil. Was draußen gefehlt hat, das fehlt hier erst recht. Die Lösung: Zumindest das kurzfristige Gefühl, das alles nicht zu erleben, Drogen also.

Evelyn hat längst genug vom grausamen Entzug auf der Lazarettstation und erneuten Rückfällen, sie würde ja so gerne loskommen, „aber kannst du mir sagen, wie ich das Loch in der Seele anders stopfen soll?" Ich kann es nicht sagen.

Wie sollte ich auch eine Antwort geben können? Ich gehe nach zwei Wochen wieder hinaus, in eine andere Welt, in der Terminschwierigkeiten, Intrigen und Frisurenprobleme oder sentimentale Wehleidigkeit zu meinen alltäglichen Sorgen zählen. In der es Eltern gibt, die mich auf jede Narbe ansprechen. In der es genügend Zucker gibt und, wenn man Glück hat, auch Liebe.

Die roten Rosen habe ich im Gefängnis zurückgelassen. Evelyn hat sie getrocknet und aufgehoben, wie sie mir später geschrieben hat. Ich habe versprochen, den Film, den wir über sie gedreht haben, ihren Eltern zu zeigen. Deren Kommentar: „Die Narben sind doch wegen der Drogen!"

JOESI PROKOPETZ

Um was geht's eigentlich?

Joesi Prokopetz ist seit mehr als 20 Jahren aufmerksamer und erfolgreicher Beobachter österreichischer und speziell wienerischer Besonderheiten. Als Texter vieler Ambros-Hits hat er sich ebenso einen Namen gemacht wie als Mitglied der „Deutsch-Österreichischen- Freundschaft“ (DÖF). In seinen scheinbar zufällig aneinandergereihten kurzen Geschichten demaskiert er den österreichischen Verschleierungsdilettantismus und deklamiert mit ironischem Intellekt die oberflächliche Gewissenhaftigkeit heimischer Politik. Die sozialkritischen Inhalte der „Feinkost aus dem Nabel der Welt“ entbehren nicht des natürlichen Charmes des Wieners böhmischer Abstammung, dessen augenzwinkerndes Lächeln über die Marotten der Bewohner der „Insel der Seligen“ man beim Lesen des Buches förmlich vor sich sieht ...

168 Seiten, 12,5 x 20,5 cm Leinen mit Schutzumschlag
ISBN 3-224-17650-4